SHODENSHA
SHINSHO

ローマ帝国 人物列伝

本村凌二

祥伝社新書

はじめに

小さな都市国家から出発したローマは、イタリアに覇権を築《きず》き、やがて世界帝国となった。広大な領域を数世紀にわたって君臨した大国として、比類がない。それはどのようにして形成され、秩序は保たれたのだろうか。

それを担《にな》ったのは、なんといっても人間であった。大雄弁家キケロは、「ローマの国は古来の慣習と人によって成り立つ」と語っている(キケロ『国家について』V―1)。父祖《ふそ》の遺風《いふう》にならって、自分を磨《みが》き上げる。そのなかから傑出した人物が登場する。

ローマ史といっても一二〇〇年の歳月があり、そこに生きていた人々の態度や風習が変わらなかったはずがない。紀元前三世紀半ばまでのローマ人は、ギリシア文化をはじめとする外来文化にほとんどなじまなかった。ローマ人は純朴で実直な農民であった。やがて、海外への遠征によって属州《ぞくしゅう》地《ち》を拡大し、周辺諸民族を威圧する征服者となる。そこには、スキピオ(大スキピオ)やカエサルのような、剛毅《ごうき》にして威厳を持つ軍人のごときローマ人がいた。

紀元前一世紀末、ローマの支配が確立し、地中海世界に平和が訪れる。皇帝の治世下《ちせいか》で、「パクス・ロマーナ（ローマの平和）」と讃《たた》えられ、繁栄の極《きわ》みを誇った泰平《たいへい》の世《よ》。そこに生きる人々は、物憂《ものう》く洗練された貴人《きじん》であり、享楽的《きょうらくてき》な平民だった。

ローマの歴史にはクーデターも独裁も革命もあり、君主政も共和政も貴族政もポピュリズムもある。なんでもありなのだ。ゆえに「歴史の実験場」とも言われるが、それを演じるのは、まさに人間そのものである。

本書で取り上げるのは善《よ》かれ悪《あ》しかれ、傑出した人物である。たとえば、暴君の代名詞のごときネロ帝だが、意外にも民衆には好まれ、人気があった。贅《ぜい》を尽くして大盤振《おおばんぶ》る舞《ま》いを繰《く》り返し、芸術家気取《きど》りで目立ちたがり屋だから、民衆は喝采《かっさい》を惜《お》しまなかった。富裕者や貴族を追放・処刑し、財産を没収し、また気前よく散財する。民衆にとっては、善帝に見えていたかもしれない。

あさましさでは、ネロ帝に勝《まさ》るとも劣《おと》らない人物もいる。たとえば、公明正大で道徳の番人を自任した人物に、カトー（大カトー）がいる。だが、同年輩にして救国の英雄となったスキピオに対する嫉妬心《しっとしん》はどうにも抑《おさ》えきれなかったらしい。カトーが高潔であればあるほど、陰《かげ》にひそんでいた男の狭量さが痛々しいほどだ。

また、そのローマ人が「権威をもって統治せよ」と語るのだから、その内実《ないじつ》を質《ただ》したくなる。カトーの嫉妬心やネロ帝の軽々しさを思えば、どこに権威があるのかと突き止めたくなる。道徳家だけの姿や暴君だけの印象で、どれだけ歴史が描けるのか。やはり人物そのものに触れてこそ、歴史を実感できるのではないだろうか。

人間は知性を備えるが、感情にも流されやすい。意志を貫《つらぬ》く気概《きがい》を持ちながらも、時には喜怒哀楽の深みにはまる。ふだんの心の思いが言動となり、やがてそれが運命となって降りかかってくる。人間社会を俯瞰《ふかん》するに、制度や組織や集団も無視できないが、そこには血肉《ちにく》を持つ人間が生きていることを忘れてはならないだろう。

一〇〇〇年以上にわたるローマ史は、起承転結がはっきりしている。本書のタイトルである、ローマ帝国は紀元前二七年の成立だが、本書では興隆期の共和政から古代末期に至る三二名を取り上げ、彼らが歴史のなかにいかなる事績《じせき》を刻《きざ》み込んだのか、思いをめぐらせてみたい。人物を中心にして、いかに生き生きとした歴史像が描けるか――その試《こころ》みでもある。

二〇一六年四月

本村《もとむら》 凌二《りょうじ》

目次

Ⅱ 成長期

Ⅲ 転換期

Ⅳ　最盛期

V 衰亡期

本文デザイン
盛川和洋

図表作成
篠 宏行

写真出典
『古代都市ローマ』(青柳正規著)／27

写真提供
アマナイメージズ／13、29
大清水 裕／32
PPS通信社／1、10、14、28、30
ユニフォトプレス／5、12、31
著者／2、3、4、6、7、8、9、11、15、16、17、18、19、20、21、22、23、24、25、26

I
建国期

建国期のローマ

伝承によれば、紀元前（以下、前）七五三年、ローマは双子《ふたご》の兄弟の一人ロムルスによって建国され、その後、ヌマ、トゥッルス、アンクスと続いた。五代目のタルクィニウス・プリスクスはエトルリア人の血を引く王であり、この頃、ローマがエトルリア勢力の影響下にあったことが暗示されている。

次のセルウィウス・トゥッリウスは卑《いや》しい身分の出身であったが、平民に好意的な善政を布《し》いた。このため、貴族の反感をかい、前王の息子（孫の説もあり）タルクィニウス・スペルブスに殺された。彼は王位に居座《いすわ》ったが、大土木事業などで成果を挙げたものの、横暴さが目立っていた。やがて、傲慢《ごうまん》な王の息子による人妻強姦《ごうかん》事件と彼女の自決が明るみに出ると、民衆の怒りが爆発し、反乱が起こった。

この反乱を指導した**ブルトゥス**らによって王政が倒され、前五〇九年、共和政が樹立される。この頃のローマ社会では、貴族と平民との通婚は認められず、平民は多くの行政・軍事の高官職から締め出されていた。これらの障壁を取り除くべく平民は立ち上がるが、平民と貴族との身分闘争は、共和政初期の政治問題の震源地だった。
その激動の真っただなかにあって、共和政国家の再建に努めた二人の人物、カピトリヌスは威厳ある言動で信頼され、**キンキナトゥス**は清廉《せいれん》な人柄で敬愛された。この頃、ローマ最初の成文法《せいぶんほう》「十二表法《じゅうにひょうほう》」が制定されている。

しかし、外敵の攻撃が相次《あいつ》ぎ、二人の死後数十年間はローマにとって苦難の日々が続いた。特に前四世紀はじめ、ガリア人が侵入し、ローマ軍が敗退すると、ローマ市街は建国以来はじめて、敵の手に落ちた。

この危機のなか、国外亡命中の名将**カミルス**が呼び戻され、彼の指揮下のローマ軍はガリア人を街から追い払った。ほどなく近隣諸国の攻勢も撃退され、ローマの街は再建された。このため、カミルスはローマの第二の建国者として崇《あが》められるのである。

ブルトゥス——共和政を樹立した初代執政官《しっせいかん》

ルキウス・ユニウス・ブルトゥス（前五四五頃〜同五〇九年）

神の予言

建国当初のローマは悪臭のただよう汚水に悩まされており、大下水溝《げすいこう》は都《みやこ》の生活に大いに恩恵をもたらすはずだった。しかし、王はその建設工事に民衆を駆《か》り出し、酷使したため、人々の不満がつのった。

このような時、恐ろしい予兆が見られた。木の柱から一匹の蛇《へび》が出てきたのだ。王宮では、おびえ逃げまどう者も少なくなかった。そこで、世《よ》に名高いデルポイ（ギリシア中部の聖地）に使者を遣《つか》わして神託《しんたく》を求めることにした。エトルリア人の血を引くタルクィニウス王は、二人の息子ティトゥスとアルンスをギリシアに派遣した。

王子二人に、王の妹の息子ブルトゥスが気晴《きば》らしの相手として随行した。ブルトゥスとは愚鈍《ぐどん》を意味する添《そ》え名《な》であり、どう見ても愚《おろ》かな青年だった。だが、それは見かけにすぎず、その内《うち》には賢《かしこ》さが秘められていたという。それまで、王の手で親族が殺されていたため、まわりに侮《あなど》られているほうが安全と心得《こころえ》ていたからだ。

兄弟二人は、この特命をすませると、ローマの王位はほかの兄弟をさしおいて二人のどちらになるかをたずねてみた。神託は「最初に母親に口づけした者に」だった。それを聞いたブルトゥスは、神託の真意に気づき、転んだふりをして地面に口を触れた。大地はすべての人間にとって母であったからだ。

強姦事件

三人が帰国したローマでは、戦争の準備に余念がなかった。だが、戦陣の合間には酒宴が催《もよお》され、夫たちの妻自慢が始まる。酔った勢《いきお》いで夫たちが馬を飛ばして帰宅すると、遊びほうけている王家の嫁たちと異《こと》なり、コラティヌスの妻で機織《はたお》りに精《せい》を出す美しいルクレティアの貞淑《ていしゅく》な姿が際立《きわだ》っていた。

その淑《しと》やかな美貌の若妻に情欲をたぎらせる男がいた。ほかならぬタルクィニウス王の息子セクストゥスである。

数日後、セクストゥスは夫がいないことを確かめてルクレティアの家に訪れ、客人として迎えられた。家中《かちゅう》が寝静まった頃、セクストゥスはルクレティアの寝室に忍び、剣を抜いて、脅迫する（写真1）。それでもなびかないルクレティアに「これ以上拒《こば》めば、姦《かん》通《つう》のさなかに殺されたと見せかけて、貴女《あなた》の裸の死体と奴隷《どれい》の裸の死体を並べておく」という恥辱《ちじょく》に満《み》ちた脅《おど》しをかけた。もはや、ルクレティアに、なす術《すべ》はなかった。

その後、ルクレティアは、夫と父親にそれぞれ信頼できる友人と共に来てほしいと願い出る。父親の同行者がブルトゥスだった。

皆がそろうと、ルクレティアは事《こと》の真相を打ち明ける。皆、驚きながらも、無理強《むりじ》いされたルクレティアに罪はないとなぐさめた。だが、彼女は「罪はまぬがれても、罰からは逃げません」と言い放ち、隠し持っていた短剣を胸に突き刺して果《は》ててしまう。夫も父親も慟哭《どうこく》した。

居合《いあ》わせたブルトゥスはルクレティアの傷口から血の滴《したた》る短剣を引き抜くと、それをかざしながら「王家の暴虐《ぼうぎやく》不法《ふほう》を許さない。王家一族を追放しよう」と叫んだ。その毅《き》然《ぜん》たる姿に、まわりは驚愕《きようがく》する。愚鈍にしか見えなかったブルトゥスのどこに、この勇然たる力強さがあったのか信じがたかったが、夫も父親も彼の言葉に従う決意をした。

これは、王の息子一人だけの告発ならともかく、王家一族の追放であるから、まさしく反乱の烽火《のろし》である。しかし、これまで愚鈍を装《よそお》っていたブルトゥスにしてみれば、ほかならぬ好機到来であった。ブルトゥスはその頃、王の騎兵長官に抜擢《ばってき》されていた。王にしてみれば、有能な人物にこのような重要な地位を与えたくなかったからだろう。しかし、それはひどい見込み違いだった。

ブルトゥスはルクレティアの遺骸《いがい》を広場へ運び、王族の破廉恥《はれんち》と淑女《しゅくじょ》の潔《いさぎよ》さを訴《うった》える。人々は、王族の暴虐と犯罪とを口々に叫び、非難した。ブルトゥスはさらに「悲しみにくれてばかりではいけない」とたしなめ、「今や王と一族に対して武器を取るべきだ」と声高《こわだか》に呼びかけた。

　まずは血気盛《けっきさか》んな若者たちが武器を取り、

写真1　ルクレティアの凌辱《りょうじょく》

ルネサンス期のティツィアーノ・ヴェチェッリオによる絵画「ルクレティアの凌辱」（ケンブリッジ大学フィッツウィリアム美術館蔵）

ほかの面々もそれに続いた。ブルトゥスの率《ひき》いる武装集団が意気揚々と進むと、まわりに怖《おそ》れおののく人の群れができる。だが、先陣を切る一団のなかに貴人たちの姿が目に留《と》まったから、人々は単なる暴動ではないことに気づいた。

惨事《さんじ》の風聞が広がり、人心《じんしん》を揺り動かす。至るところから民衆が公共広場に集まってきた。ブルトゥスが進み出て、民衆の前で熱弁をふるう。愚鈍だと見なされていたブルトゥスの迫力に、人々は目を疑った。

ルクレティアの凌辱《りょうじょく》ばかりではない。傲岸不遜《ごうがんふそん》な王のために労働に駆り出される民衆の困窮《こんきゅう》、近隣の国々との戦いに勝利したローマ人が戦士ではなく労務者にされたこと、現王による前王殺害の極悪非道……。ほかにも悪辣《あくらつ》な所業の数々が論《あげつら》われる。

ブルトゥスの憤《いきどお》りが民衆の心を燃え立たせ、人々は王の命令権を否定し、ついには王一族の追放を決議した。もはや、王はローマの民衆を動かすことはできなかった。

その頃戦地の陣営にいたタルクィニウス王は驚愕し、反乱鎮圧のためにローマに急いだ。察知したブルトゥス軍は正面衝突を避《さ》け、別道を通って陣営に急行する。それぞれが到着したのはほぼ同時だった。だが、ローマの城門は開かれなかったのに、ブルトゥスは陣営にあってローマ国家の解放者として迎えられた。王の息子たちは追放され、セクストウスは亡命の果てに殺されたという。

ローマ建国の陰で

前五〇九年、自由の共和国ローマが誕生する。その翌年、ギリシアのアテネでは僭主《せんしゅ》（血統ではなく武力で君主の座を得た者）が追放されて民主政が樹立された。地中海沿岸の各地で独裁政に対する嫌悪感《けんおかん》が蔓延《まんえん》していたのかもしれない。

独裁者の君臨する専制政治が復活しないようにしなければならない、そのためには任期一年かぎりの指導者二名を選ぶのがいいという声が高まる。それら指導者の選出には、ローマの戦士すべてが集まる民会《みんかい》（コミティア、図表1）がふさわしかった。

二人の指導者は、耕作する一対の牛にたとえられて「共に耕《たがや》す者」の意を持つコンスル（執政官、図表2）と呼ばれる。初代の執政官には、王族追放の立役者《たてやくしゃ》ブルトゥスと凌辱されたルクレティアの夫コラティヌスが選ばれた。

ブルトゥスは、何よりも王政下に勢威《せいい》の弱まっていた元老院《げんろういん》（セナトゥス）を立て直すことに努める。元老院議員の増員をはかり、総計三〇〇人とした。旧来の議員である父たち《パトレス》（元老院議員）に加えて、平民身分の有力一族から新来の追加登録者《コンスクリプティ》（新議員）が

図表2　政務官の序列

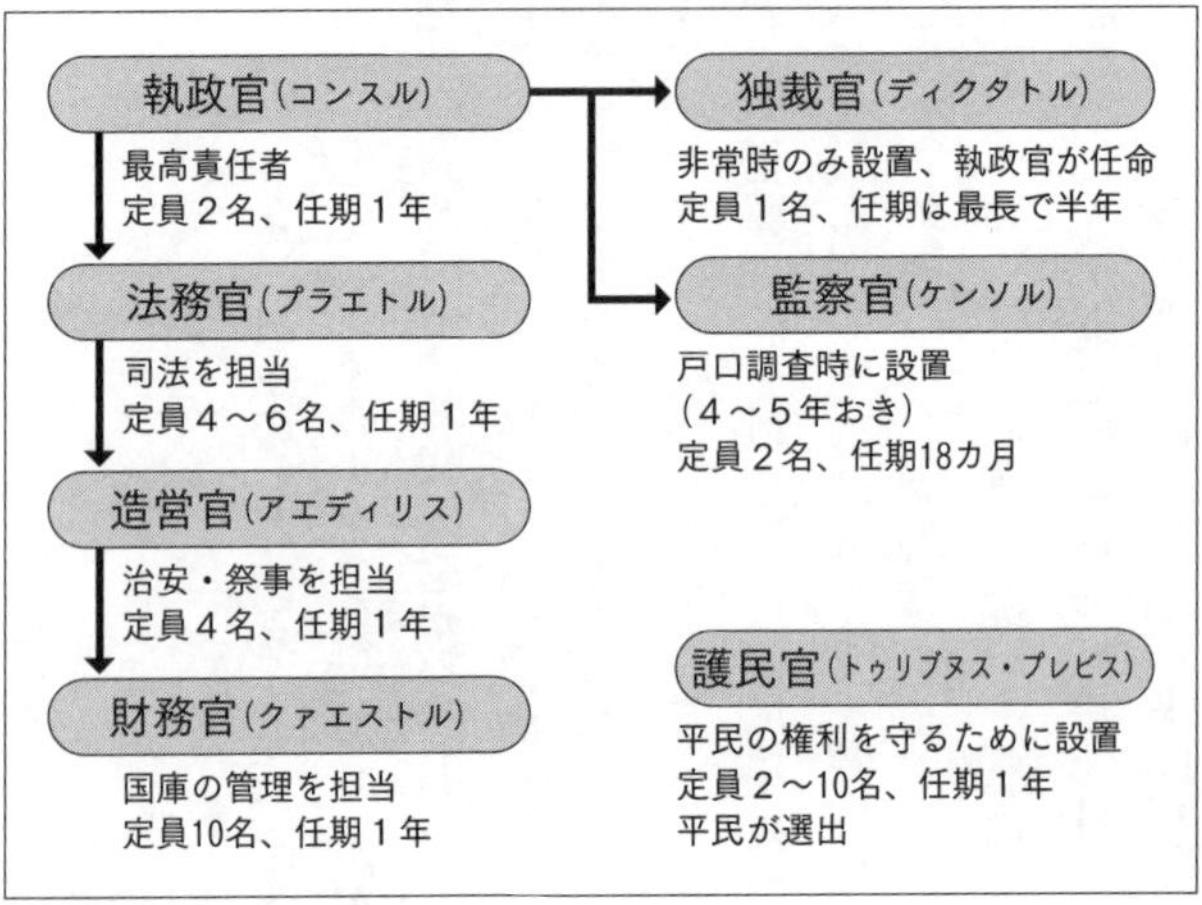

選ばれた。伝説によれば、この元老院議員の補充は貴族と平民の心を融和《ゆうわ》させるのに役立ったという。

執政官の選出後ほどなく、やっかいきわまりない事態が起こる。追放されたタルクィニウス王族がエトルリア人の諸都市に援軍を呼びかけていたため、彼らとの戦いが切迫していたのだ。そして、ローマ人のなかにタルクィニウス家の血を引く者にも疑いがかかる。執政官コラティヌスは氏族名タルクィニウスであり、一族の血筋にあることは明らかだ。

市民たちの間に不信感が高まり、ついにブルトゥスは民衆を招集せざるをえなくなった。なにしろ、自由を侵害する王家の名と血筋が市民団のなかにとどまるだけでなく、命

図表1　共和政のしくみ

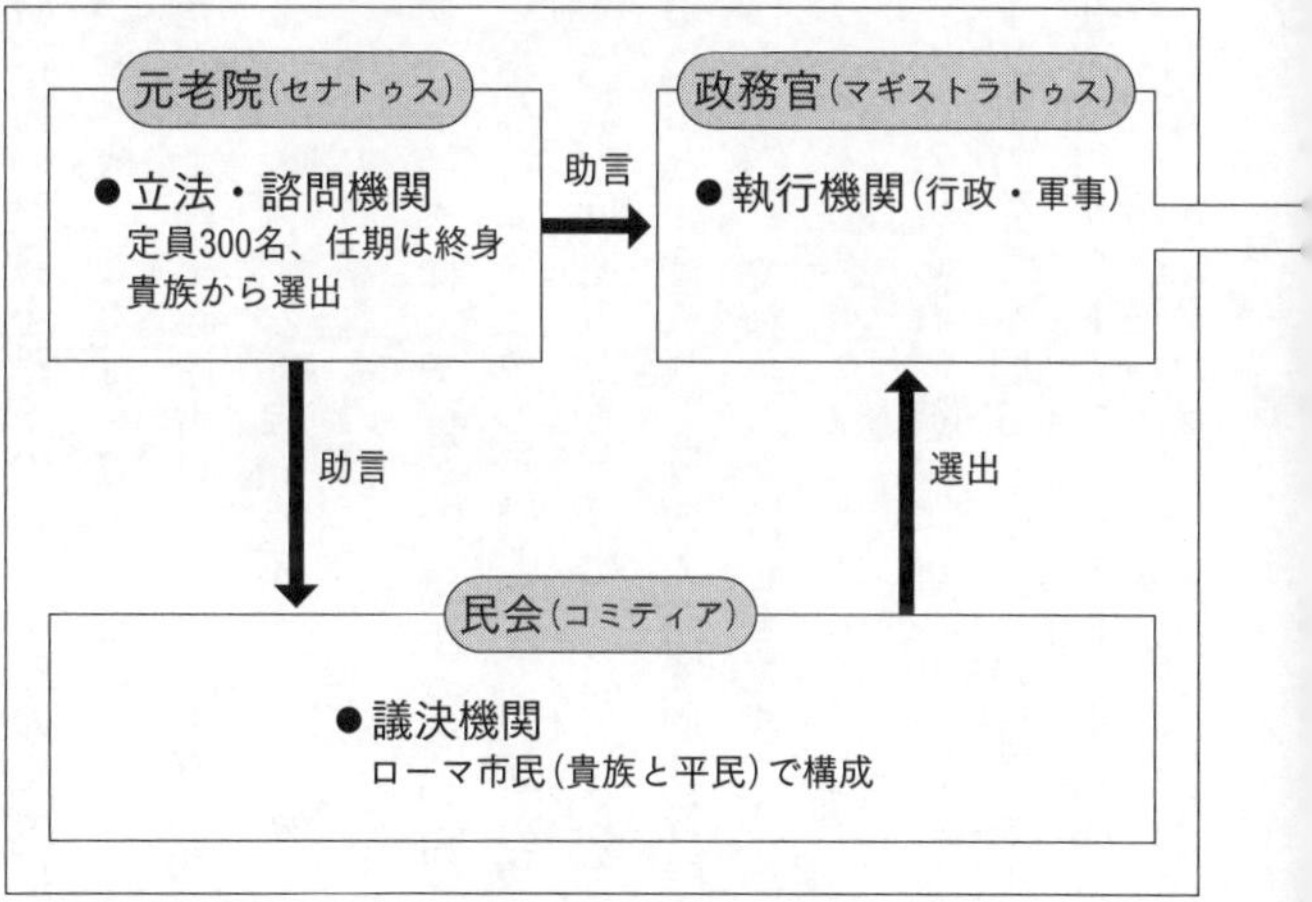

令権すら持っているのだ。

ブルトゥスは、同僚であるコラティヌスに対して「この恐れを、君みずからの手で除《のぞ》け」と迫《せま》った。さらに「君の財産を持ち出してもいいから、友よ、ここローマから立ち去りなさい」と突きつける。

コラティヌスはかたくなに同意しなかった。しかし、亡妻の父であるルクレティウスまでもが懇請《こんせい》したので、さらなる恥辱を恐れて亡命を決意し、ローマを去った。

しかしながら、事態はさらに深刻だった。ブルトゥス自身からして母親はタルクィニウス王の妹であり、一族と無縁ではない。そこにつけこむ隙《すき》があった。タルクィニウスから派遣された使者は、所縁《ゆかり》の者たちにひそかに王政復古の陰謀をそそのかす。その陰謀に加担した仲間のなかに、ブルトゥスの息子二人がいた。成人したばかりの若者だった。

だが、この王政復古の企《くわだ》ては密告され、計画が白日《はくじつ》のもとにさらされる。ブルトゥスにしてみれば、なんという不幸だろうか。自由を勝ち取った共和政国家の立役者たる自身は、面目《めんぼく》丸つぶれなのだ。

ブルトゥスにはもはや、息子たちの命を救うか、執政官たる職務を忠実に成《な》し遂《と》げるか、ふたつにひとつしか残されていなかった。彼は身を切る思いで、決然と公務遂行を選ぶ。ほかの反逆者たちと共に、息子たちも父親の目の前で処刑された。二人の処刑は衆目を集めたという。裁《さば》く側の人間で刑執行の責任者でありながら、裁かれる者の親でもあるという皮肉。それが人々の心を惹《ひ》きつけたのだろう。

ところで、タルクィニウスには、もはや祖国復帰の望みもむなしく消えた。怒りと憎《にく》しみにかきたてられ、彼はエトルリア連合を訴え、公然とローマに戦いをいどむ。タルクィニウス軍の先陣を切るのは、王の息子アルンスだった。

迎え撃つブルトゥスにしても、王政復古の陰謀に巻き込まれた息子たちの死を悲しむ気持ちはひとしおだった。ブルトゥスの姿を目に留めたアルンスは、猛然と突進する。ブルトゥスにとっても、討ちあいは望むところだった。二人とも攻撃に逸《はや》り、みずからの身を守ることには省《かえり》みるところがなかった。激突するや盾《たて》ごと刺し違え、槍《やり》に貫かれて絶命する。

王族を追放して自由な共和政国家を樹立し、ブルトゥスが初代の執政官になってから一年も経《た》っていなかった。その早すぎる死のゆえ、ローマ市民のブルトゥスへの哀悼《あいとう》の念は強かった。とりわけ女性たちは、まるで父親の死を悼《いた》むかのように、一年間の喪《も》に服したという。貞節な女性の凌辱に激しく報復し祖国再建に燃えた勇姿は、ひたすら女の涙を誘ったのである。

ブルトゥスの伝説は、史実としてたどればあやふやな話も少なくない。だが、共和政樹立の最大の功労者として、ローマ市民が深い敬意を持っていたことは疑いない。カピトリウムの丘（ローマ七丘のひとつで最高神ユピテルなどを祭った聖地）に、剣を持つブルトゥスの彫像が立てられた。

独裁者を排する自由な共和政の象徴としてのブルトゥス。共和政国家を脅《おびや》かす懸念《けねん》があったカエサルが暗殺された時、その首謀者がブルトゥスの子孫を自任していたことは偶然ではない。

キンキナトゥス——ワシントンが理想とした指導者

ルキウス・クインクティウス・キンキナトゥス（生没年不詳）

不肖《ふしょう》の息子

古伝《こでん》によれば、共和政が始まった頃から、平民は貴族たちに不満をいだいていた。民衆は借財の削減、土地の再分配、公職者選出の権利を要求して、騒ぎ出す。貴族たちが耳を貸すわけがなかったから、民衆は団結して近郊の聖山《せいざん》（モンテ・サクロ）にこもる。農作業も軍務もやらない、と声高々に叫んだ。

近隣には、異民族のウォルスキー族やアエクウィー族がローマの混乱を虎視眈々《こしたんたん》と狙《ねら》っていたから、たまらない。四苦八苦の末に、とうとう元老院は折れた。借財の棒引き、債務奴隷の解放のほかに、平民を守るための護民官《ごみんかん》（トゥリブヌス・プレビス）が新設される。この前四九四年の出来事は、ローマの貧しい平民層にとって画期的《かっきてき》な収穫であった。

平民が復帰したので、ふたたび祖国防衛の戦力が立て直される。だが、近隣部族との戦いは、一進一退を繰り返しながら半世紀以上も続いた。このような混戦のなかで、前五世紀半ば、アエクウィー族が強大な姿で立ちはだかった。さらにウォルスキー族もサビニ族も加わったので、ローマは窮地《きゅうち》に追い込まれていた。

執政官の一人は戦死し、もう一人は陣営を敵軍に包囲されてしまった。ローマ国家にとっては、重大な危機であった。ローマの慣習では非常事態の際、独裁官（ディクタトル）が選ばれて全権を握る。この危機に、独裁官に選ばれたのがキンキナトゥスである。キンキナトゥスは名門のクインクティウス一族に属する。前五世紀半ば、クインクティウス家は有為《ゆうい》の人材を輩出しており、キンキナトゥスも前四六〇年の執政官であった。

この頃の貴族たちには、護民官の権力が強すぎると感じられていたらしい。執政官になったキンキナトゥスも、護民官の改革法案を批判した。

護民官側も、翌年度の再選を狙って立候補する。元老院側もキンキナトゥスの執政官再選を画策《かくさく》したが、キンキナトゥスは固辞した。執政官であっても護民官であっても、同じ人物が連続して就任することは弊害があると訴えたかったのだろう。悪《あ》しき習慣は芽《め》のうちに摘《つ》むに越したことはない。

それにもかかわらず、事《こと》あるごとに護民官に嫌《いや》がらせをする者が少なくなかった。特に平民贔屓《びいき》の提案をする護民官には、力ずくで対抗する場合もあった。本来なら護民官の身体には触れてはならないのだから、あってはならないことだった。

キンキナトゥスの息子カエソは勇敢な兵士であったが、いささか気が短く、むこうみずなところもあった。ある時、気に入らない提案をした護民官を、若い貴族仲間たちと一緒に襲《おそ》い、広場から追い出してしまった。護民官を侮辱《ぶじょく》したのだから、もはや処罰はまぬがれなかった。

裁判が始まり、カエソを知る貴族たちが呼び出され、証言する。父親も法廷に呼ばれ、「息子は性急《せいきゅう》で剛腕に傾《かたむ》きやすいが、沈着で思慮深いところもあり、やがて国家にも有為な人物になれる」と弁護した。キンキナトゥスも息子のしたことが悪いとは思っていたが、父子《おやこ》の情はどうしようもなかったのだろう。

だが、父親の証言は人々の同情をかわなかった。極刑が下されそうになった時、何度も執政官を務めた同族の名将カピトリヌスが一肌《ひとはだ》脱ぐ。彼は民衆から信頼を集めており、カエソの保釈が認められた。そこには、刑が宣告される前に国外逃亡するという暗黙の了解があったらしい。

護民官から保釈金を要求されると、キンキナトゥスは全財産を処分して保釈金にあてながら、自分は街はずれのあばら屋に移り住んだという。いささか伝説じみた作り話だろうが、粗末な家に移り、民衆の信頼を回復しようとしたのだろう。

危機に際してのリーダーシップ

前四五八年、アエクウィー族との戦いで重大な危機を迎え、ローマはキンキナトゥスを独裁官に選ぶ。キンキナトゥスが住む粗末な家と小さな農地に、迎えの使者が出向くと、彼は農作業をしていたという。

独裁官は行政・軍事・司法の全権を握っているのだから、絶大な権力者である。だが、欲のないキンキナトゥスにとって、喜ばしいことではなかった。とはいえ、ローマ軍が全滅の危機に瀕《ひん》しており、存亡《そんぼう》の淵《ふち》に立たされた国家を見捨てておけない。無欲でも責任感の強い男だったので、しぶしぶ妻に別れを告げてローマに足を運ぶ。

都で彼を待ち構《かま》えていた人々は、テヴェレ川の対岸にその姿を認めると、小舟を出し、彼を迎えた。そこには、彼の三人の息子や友人たちが集まっており、彼の到着をことさら喜んだ。

まず、軍務に就《つ》ける丈夫《じょうぶ》な若者たちをことごとく集める。そして大軍を編制し、ただちに出撃した。味方の陣営は敵軍に包囲されていた。真夜中に到着すると、キンキナトゥスの率いる軍隊は、その外側を取り囲む。そのうえで陣営に閉じ込められたローマ軍団にひそかに援軍の到着を知らせるのだった。

ほどなくして、いっせいに夜襲をかけると、敵軍はひとたまりもなかった。夜明けになる頃には勝負はついていた。敵将たちは鎖《くさり》でつながれ、降伏の印《しるし》として「軛《くびき》の下をくぐらせる」という屈辱を味わわせたのである。こうしてキンキナトゥスはローマに凱旋《がいせん》し、元老院から栄誉ある黄金の冠《かんむり》を授けられた。

その頃、息子を亡命に追い落とした男が偽証罪《ぎしょうざい》に問われていた。彼が追放処分されるのを見届けると、キンキナトゥスはすぐに独裁官の地位を返上している。実際に独裁官として権力を行使したのは一六日間にすぎなかったという。その後田舎に帰り、質素に暮らしたというが、八〇歳を超えてふたたび請《こ》われて独裁官に就いたという話もある。

キンキナトゥスをめぐる伝承には、どこまでが史実であるかが疑わしいものがある。彼にかぎらず、前三世紀前半頃までの人物や出来事には、伝説化されて語り継《つ》がれたことも少なくない。そのような歴史叙述の経過を考慮すれば、史実や実態を求めるよりも、後世《こうせい》のローマ人がいかなる期待を持って過去の偉人を眺《なが》めていたかを想像するのもいいだろう。ことさら名誉を重んじたローマ人であったが、それだけに有能にして無欲な偉人たちを敬愛する思いはひたむきなものがあったのかもしれない。

ちなみに、のちのアメリカ合衆国初代大統領ジョージ・ワシントンは、執政官再任を固辞したキンキナトゥスにならって、独立戦争後にみずから陸軍最高司令官をしりぞいたという。理想的指導者としてのキンキナトゥスの名は、現在でもオハイオ州シンシナティ、アイオワ州シンシナティなどの都市名に残っている。

カミルス――ローマの危機を救った第二の建国者

マルクス・フリウス・カミルス（前四四七頃～同三六五頃年）

請《こ》われて独裁官に

いつの世《よ》にも、富《と》める人々と貧しい人々がいる。その格差が目立ってくると、大多数を占《し》める貧しい平民たちの不満がつのる。ローマ人はここで珍しいしくみを工夫した。護民官という公職を設けて、平民の生命と財産を守るための拒否権を認めたのだ。

また、富裕な貴族たちは法を公《おおやけ》にしなかったので、彼らの横暴は目にあまっていた。やっとのことで、十二表法が公開され、裁判のルールが明らかになった。こうして、貴族と平民とのとげとげしい緊張はいささか解《と》きほぐされてきた。

とはいえ、相変わらずローマは外敵の脅威にさらされていた。特に、ウォルスキー族やアエクウィー族は絶《た》えずローマ攻略の機会を狙っていた。それらの攻勢を食い止めなければならない。それは、まさしく祖国防衛と呼ぶべき戦いだった。

だが、攻め入る敵をしりぞけるだけでは、民衆は満足しない。戦いが長引《ながび》けば、彼らには疲労と困窮しか残らない。不毛な防衛戦争を繰り返すだけなら、従軍する平民たちは不満をつのらせる。しかし、戦いに勝てば、戦利品が手に入り、領土も拡大する。

それまで守勢のローマだったが、攻勢に転じる時が来た。好戦気分が芽生《めば》えれば、兵刃《へいじん》を交《まじ》える敵の姿もはっきりする。

ローマの北方に隣接して、エトルリア人の街があった。なかでも、ウェイイはもっとも近い都市である。美しい街並みを持ちながら、難攻不落《なんこうふらく》の都市だった。概《がい》してエトルリア人は建築土木技術にすぐれ、ローマよりはるかに進んだ文化を持っていた。何よりもウェイイは広く豊かな土地であり、商業交易も盛んだった。

このような都市を攻撃するのである。遠征軍を出したからといって、必ず勝てるとはかぎらない。戦争が長期にわたれば、民衆の不満は暴発する。本気で遠征し攻略するなら、そこには大きなジレンマが立ちはだかる。

そこで、兵役《へいえき》に就く市民に、国家が報酬を支払うという提案が出された。これはローマにとって大きな改革であった。遠方にかすむ不確かな戦利品よりも、目の前にぶらさがった確実な利《り》を保証すること。民衆を説得するには、何よりの手段と思われた。

前五世紀末、生き残りをかけたイタリア半島のなかでは、攻撃こそ最大の防御であったかもしれない。見識《けんしき》ある元老院貴族（写真2）のなかには、それを見通していた人々もいた。

ともかくウェイイへの遠征が始まり、そこを包囲する作戦に出る。しかし、難攻不落の評判は嘘《うそ》ではなかった。事態は思惑《おもわく》通りには進まず、包囲は長引く。包囲したからには、やすやすと解除するわけにはいかない。ローマ軍の兵士たちは塹壕《ざんごう》のなかで何度も寒い冬を過ごすはめになった。

共和政ローマでは、一年任期の二人の執政官が国政をつかさどる。だが、重大な危機に直面すれば、半年任期の独裁官が指名され、一人で国家を導《みちび》く。ウェイイの要塞《ようさい》は堅固《けんご》であり、敵の住民も勇敢だった。一〇年におよぶ苦戦が繰り返され、戦局は暗礁《あんしょう》に乗り上げる。前三九六年、デルフォイの神託を仰《あお》ぐほどの非常事態におちいり、有能な指導者が求められた。

いくつもの戦闘に従軍していたカミルスは、その勇ましさで敬意を持たれていた。ある戦闘では騎乗して陣頭に立ち、腿《もも》に槍を受けたが、ひるまない。それどころか、突き刺さった槍を引き抜くや、敵軍に突っ込み、猛将たちと渡りあって敗走させた。このような武勲を重ね、武将としての信頼を集めたカミルスは、独裁官に指名された。

写真2 元老院貴族

トーガ(外衣)を着た共和政期の元老院貴族。ブルトゥス像ともカミルス像とも言われる(カピトリーニ美術館蔵)

伝説によると、独裁官になったカミルスはさっそく地下道を掘らせたという。その坑道《こうどう》は、ウェイイの心臓部にあるユノ神殿の真下に通じるものだった。

やがて、城壁の外側からいっせいに攻撃が始まった。それと共に、ユノ神殿の床が砕《くだ》けて割れ、そこからローマ兵が躍《おど》り出たのである。ウェイイは陥落、生き残った捕虜《ほりょ》は奴隷として引き回された。膨大な戦利品を得、領土は四倍になった。

名将、ローマを去る

この勝利によってローマの勢威は

高まり、近隣諸国に睨《にら》みを利《き》かせるようになった。こうして、カミルスは不屈の魂《たましい》と明晰《めいせき》な頭脳を併《あわ》せ持つ指導者という評判が高まる。

ウェイイが敗北したことで、エトルリア南部は不安におちいる。とりわけ、ファレリイはローマに反目《はんもく》し、軍勢を差し向けた。これに応じて、ローマ軍が出動した。しかも、率いるのは凱旋将軍カミルスである。この名声の高い戦略家が相手では、ファレリイに勝ち目がない。ファレリイ軍は早々と城壁のなかに撤退してしまう。ローマ軍は例によって街を包囲する。

この街に貴族の子弟を教える教師がいた。城外の草地で遊んだり運動したりしても、ローマ兵は教師と子弟を妨《さまた》げるわけではない。それをいいことに、教師はローマ兵に近づき、カミルス将軍に会わせてくれ、と懇願した。そして、将軍の前に進み出ると、「この子どもたちを人質《ひとじち》にすればファレリイは必ず降伏するでしょう」と忠告した。

ところが、カミルスは並《なみ》の人間ではなかった。彼は「ローマの武人は正々堂々と戦うのだ。抵抗できない子どもが相手ではないぞ」と怒鳴《どな》り、教師を追い返してしまった。これを知ったファレリイの人々は「なんという気高《けだか》い人物だろうか」と感動したという。それまで憎悪《ぞうお》していたが、讃美と畏敬の念に変わったのだ。彼らは抵抗をやめ、降伏を願い出るのだった。

しかし、ローマの兵士たちはファレリイを征服して略奪するつもりだったから、当てがはずれた。それに、カミルスの武勲はあまりにも輝かしかった。身分の高い人々は嫉妬し、兵士たちは不満をぶちまける。カミルスを非難する声は静まらず、とうとう愚劣《ぐれつ》な誹《ひ》謗中傷《ぼうちゅうしょう》まで出る。カミルスは戦利品でうまい汁を吸ったという噂《うわさ》が広がったのだ。高潔なカミルスにとって、謂《い》われなきことでしかない。反論する気にもならなかったろう。

裁判にかけられたが、出廷するわけにもいかず、ほどなく賠償金を支払うべきとの判決が下る。この時のカミルスの深い悲しみはいかばかりのことだったか。カミルスは暗澹《あんたん》たる思いに沈《しず》みながら、祖国を捨てる決心をする。城門を出て祖国を振り返りながら、神々に祈願した。「わが民《たみ》がその忘恩《ぼうおん》を後悔しますように。ローマがふたたびカミルスを必要とする時が訪れますように、神々よ、はからいたまえ」と。

ローマ人は嫉妬と欲に振り回されて、最良の軍事指導者を失ったのだ。なぜこのような愚挙に走ったのか、後世の人間なら誰しも疑いたくなる。

ローマ最大の危機

悲運のカミルスがローマを去り、数年が過ぎた。この頃、ローマには予期せぬ大災禍がひたひたと迫っていた。ガリア人が北方からイタリア半島に侵入し、ローマに近づいたのだ。ローマの十数キロ近くにアリア川が流れているが、前三八七年、その河畔《かはん》で両軍が激突する。

ローマ人にとって、ガリア人は今まで見たこともない姿だった。なにしろ、巨大な体軀《たいく》をした男たちが、ぼうぼうの長髪に、ぎらぎら目を燃やしながら、狂わんばかりの雄叫《おたけ》びを上げて襲いかかる。その異様な姿がローマ軍の戦意を萎《な》えさせる。

しかも、有為の統率者を欠いていては、当たり前の配慮すらおぼつかなかったという。地形を調べ、陣営の周囲に堀《ほり》や柵《さく》をめぐらすこともなく、いつのまにか背後に回られ、混乱して迷走した。目もあてられないほどの敗北だった。

ついには、この野蛮きわまりないガリア人の勢力を前にして、都ローマまでも明け渡さなければならなかった。建国から三六七年目、共和政国家から一一三年目にして、都ははじめて敵手《てきしゅ》に落ちた。ガリア人のなすがままに蹂躙《じゅうりん》されるしかなかった。

この国辱《こくじょく》の敗戦は七月十八日。ローマ人は、その日を忌《い》むべき不吉な日として暦《こよみ》に刻むのである。ローマ人は追い詰められ、人々は神々にもすがりつく思いに駆られた。ついには、亡命していたカミルスを呼び戻すことにした。

ふたたび独裁官になったカミルスは、離散していたローマ兵を掻《か》き集め、軍団を編制する。そして、ローマに進軍した。

ローマには居残っていた人々も少なくなかった。なかには、大量の金《かね》を渡せば、ガリア人は撤退してくれると期待する者もいた。もともと、ガリア人がどこまでローマの占領を続けるかは疑わしかった。ほどなく莫大《ばくだい》な金銀に目がくらんだガリア人は、ローマ人の申し出を受け入れることにした。その合意がなり、ガリア人が金《きん》の重量をはかった時のことだった。秤《はかり》が不正に操作されていたことがわかる。ローマ側が抗議すると、ガリア人の言葉は強烈だった。「災《わざわ》いあれ、敗北者よ!」

敗者の悲哀を嘗《な》めさせられていたローマ人の前に、この時、カミルスが到着する。歴戦の勇将の力強い言葉が響《ひび》いた。「ローマ人は金ではなく剣でお返しする」と怒鳴りつけた。戦意を呼びさましたローマ軍の勝利は、もはや明らかだった。ガリア人は蹴散《けち》らされ、逃げ出した。

カミルスを追放しただけで処刑しなかったことは、ローマ人にとって幸《さいわ》いだった。民衆はひたすらカミルスに感謝し、かつてなかったほどの国難を克服《こくふく》した喜びに浸《ひた》る。カミルスは、救国の英雄と讃えられた。

だが、国土はガリア人に踏みにじられ、荒れはてていた。勝者になったとはいえ、このままローマにとどまるよりも、征服地のどこかに移住するほうがましだと考える者も多かった。そして、人々はそれほど荒廃していないウェイイに移住することを望む。

しかし、祖国を愛するカミルスらは、ローマにとどまるように説得した。そのおかげで、大規模な移住は起こらなかった。やがてローマは再建され、カミルスは第二のロムルスと呼ばれることになる。

一連のカミルス伝説はどこまでが事実であるか、真偽《しんぎ》のほどはわからない。だが、ローマがガリア人に征服され、蹂躙されたことは疑いない。さらに、考古学調査によれば、三〇年もしないうちに都が復興したこともまちがいない。祖国を侵略された悲しみに泣き、やがてローマ再興の喜びに酔いしれた。その記憶が、カミルス伝説に結実《けつじつ》したのであろう。

この伝説のなかには、ローマ人がみずからに刻んだ教訓が残っているのかもしれない。ローマが強大になり、周辺の隣国に恐れられるようになった時、かなり傲慢になっていたのだろう。そんな人間たちには見せしめが必要だった。ここらで鼻をへし折っておかなければならない。また、金銭で平穏を得ることの危《あや》うさへの教訓もあるだろう。国難を切り抜けるには自力で立ち上がるしかない。

歴史家リウィウスの『ローマ建国史』で叙述された背後には、そのような自省の念がこめられた伝承があったに違いない。こうしてみると、ローマ人は敗北を忘れるのではなく生かす術《すべ》を心得ていた、とも言える。

II
成長期

成長期のローマ

前四世紀後半、ローマは山岳部族サムニウム人の攻勢にさらされる。数次にわたる戦いのなか、円滑な軍事活動のために、前三一二年、**アッピウス**（アッピウス・クラウディウス）の指揮のもと、アッピア街道が敷設された。さらに、アッピア水道も設置され、これらの建設事業は、それ以降のローマ国家インフラ整備の発端をなすものだった。

前三世紀はじめには、ローマはサムニウム人を制圧し、イタリア半島中南部の支配をほぼ成し遂げる。また、イタリア南部のギリシア人の勢力を駆逐《くちく》、前二七二年にはターラントを降伏させた。これによって、ローマはイタリア全域に覇《は》を唱える大国に伸《の》し上がった。

やがて、西地中海世界の覇権をめぐって、北アフリカ周辺に勢力を持つ海洋大国カルタゴとの戦いが繰り返される。前三世紀半ばの第一次ポエニ（カルタゴのラテン語読み）戦争では、最初は海戦でローマは苦戦を強《し》いられたが、兵力において勝ることから、攻勢に転じた。しかし、カルタゴにはハミルカルのようなすぐれた武将がいたために、戦況は一進一退だった。最後は、自然災害にも救われて、やや優勢のうちに終結する。

前二一八年に始まる第二次ポエニ戦争では、ハミルカルの息子ハンニバルが率いるカルタゴ軍がイタリア半島に侵入し、カンナエの戦いなどでローマ軍は苦汁《くじゅう》を嘗《な》めさせられる。だが、勇将ハンニバルも、付かず離れずの作戦を取る**ファビウス**のような知将には打撃を与えることはできなかった。やがてローマに若き将軍**大スキピオ**が現われ、カルタゴ本国のある北アフリカにカルタゴ軍をおびきよせ、ザマの戦いでカルタゴ軍を破った。だが、救国の英雄と崇《あが》められるスキピオには、独裁者を警戒する旧套墨守《きゅうとうぼくしゅ》の**大カトー**のような政敵も登場している。

カルタゴは領土が本国のみに縮小されたが、前二世紀半ば、ローマに反旗をひるがえし第三次ポエニ戦争が勃発《ぼっぱつ》する。だが、軍事大国ローマの前に、カルタゴはもはや敵ではなかった。前一四六年、カルタゴは徹底的に破壊され灰燼《かいじん》に帰《き》す。それと共に、ギリシアではコリントが破壊され、属州マケドニアが設けられ、ローマの矛先《ほこさき》はさらに東方に向かった。このようにして、地中海世界のほぼ全域がローマの掌中《しょうちゅう》に収まった。

だが、絶大な覇権を握ったローマには、皮肉な結果が待っていた。大土地所有が拡大するにつれ、土地を失った無産市民が増え続けたのである。スキピオの娘**コルネリア**から生まれたグラックス兄弟は、自作農を再建する改革に着手したが、富裕貴族層の反対派に阻《はば》まれ、挫折《ざせつ》した。

これ以後、ローマは流血をともなう内乱の時代（内乱の一世紀）に突入する。民衆派《みんしゅうは》の**マリウス**は、軍制改革によって国防と土地の問題を解決するための方向を見定めたが、そこでは軍隊が有力な武将の私兵集団と化す道筋ができた。マリウスの死後は、閥族派《ばつぞくは》の**スッラ**が実権を握り、睨《にら》みを利《き》かせることとなる。

アッピウス——インフラ整備など、類稀《たぐいまれ》なる先見性

アッピウス・クラウディウス・カエクス（前三五〇〜同二七三年）

剛毅な男

イタリア半島南岸には古来、ギリシア人が住んでいた。「マグナ・グラキア（大いなるギリシア）」と呼ばれた地域である。これらギリシア人たちにも、ローマとの衝突は避けがたい宿命であった。といっても、イタリア半島南部のギリシア勢だけでは、ローマに対抗できない。

地図を眺めれば、イタリア半島南端とギリシア本土はかなり近い。半島南端の対岸にはエペイロス王国があった。そこを治《おさ》めるピュロス王はアレクサンドロス大王を気取り、野心に燃える男だった。この王に、マグナ・グラキアから援軍の要請が届く。

さっそく二万五〇〇〇人の兵と二〇頭の象を率いて、イタリアに乗り込んだ。大王を気取るだけあって戦術にも長《た》け、戦況はピュロス王に有利に進む。イタリアの住民は動揺し、ローマを支援することをためらう人々も出てきた。そして、和平の機運が高まる。

アッピウス・クラウディウスは、アッピア街道（写真3）の創建者として名高い。彼はしばしば「ローマ人は平穏な時よりも、困難な時のほうが信頼できる」と言っていたという。強大な国家は困難になるほど力強くふるまい、平和が続くと気力が萎《な》えてしまうことに気づいていたのである。

監察官《かんさつかん》（ケンソル）という公職は、経歴の最後に就任するものだった。だが、前四世紀末には、まだ公職の出世コースが確立していたわけではない。だから、アッピウスは執政官も経験しないうちに、前三一二年、三八歳でいきなり監察官になった。人口・財産調査や風紀取り締まりのほか、公共事業を行なうこともある。大きな権限があったので、時には悪用されることもあった。

クラウディウス一族は、荒々しくふるまうことを恐れなかったらしい。アッピウスも選挙人名簿の作成作業のなかで、十分な資格もないのに、自分の都合のいい者たちに資格を与えたりしたという。どの選挙区にあっても、政敵が票を集めにくいような工作をしたのだ。しかし、戸口《ここう》調査によって市民資格や元老院身分（元老院貴族）について基準を明確にしたため、社会秩序は安定に向かった。

ほかにも、ヘラクレス祭儀を担当していた家から、その聖職を取り上げ、公共奴隷に担

写真3　アッピア街道

前 312 年敷設開始、全長約 560㎞。現存部分は、その多くが使用されている

当させるという荒業《あらわざ》もやってのける。アッピウスには、盲目を意味するカエクスというあだ名があるが、彼の冒瀆《ぼうとく》行為への罰として、ヘラクレス神が視力を奪ったという噂が流《る》布《ふ》したかららしい。

だが、そのような剛毅さによって、アッピア街道とアッピア水道を開設するという歴史を画《かく》する難事業が成し遂げられたのである。やがてローマを中心に道路網が築かれ、ローマ人の生活に豊富な水がもたらされる。

建設技術だけなら、ギリシア人もエトルリア人も持っていた。工事を無難にするなら、地形に合わせて道路を曲折させるだろう。だが、ローマ人は最短距離を目指して、できるかぎり真っすぐな道路を造っている。

そもそもローマの街道は軍用道路であり、ローマ軍や兵站《へいたん》輸送が早く目的地に着くことが望ましい。しかし敵軍から襲撃された時には、敵がより早くローマに進む危険性もある。ローマ人は直線道路が持つ負《ふ》の側面よりも、正《せい》の側面を重視したのだろう。

このような恐れにひるまないローマ人の精神を見るにつけ、その背景に〝アッピア魂〟のようなものが感じられる。それほど、ローマ人の前向きな心構《こころがま》えを際立《きわだ》たせているが、軍人としてアッピウスはどうであったか。

ローマ人を奮《ふる》い立たせた演説

アッピウスは監察官職を四年間務めたあと、ほどなく前三〇七年に執政官になる。この時はきわめて平凡だった。さらに前二九六年には再選され、サムニウム人との戦いに出征した。また、翌年には法務官《ほうむかん》（プラエトル）として軍団を率いている。

この時に執政官だったウォルミニウスも、軍団を率いて戦地に到着した。彼はアッピウスの軍団兵を前に熱弁をふるい、気弱《きよわ》な兵士たちの気分を奮い立たせる。おかげで、士気《しき》高揚したアッピウス軍はサムニウム軍を打ち破った。

だが、アッピウスは勝利にもかかわらず、どこか虫の居所《いどころ》が悪かった。「ウォルミニウスはもともと演説がうまかったわけではないが、わしの演説を聞いて上達したのだ」と嫌味《いやみ》を口にした。ウォルミニウスも黙っていない。「戦争について、貴兄が私から何も学ばなかったのは残念である」と言い返している。

実際、アッピウスは有能な指揮官ではなかったし、兵卒たちの信頼を得ることもなかったに違いない。意気軒昂《けんこう》なあまり、戦いにいどむ兵士たちを思いやる心に欠けるところがあったのかもしれない。されど、形の上ではローマ軍を勝利に導き、凱旋将軍として、戦いの女神ベロナに神殿を奉献することができた。

前二八〇年、イタリアにピュロス王が侵攻した時、アッピウスはすでに引退していた。視力を失った老人の耳元にも、ピュロス王からの和平案があったとの噂が届く。しかも、優勢なピュロス軍にイタリア住民が寝返るかもしれず、それを恐れる元老院はこの和平案に応じるつもりだという。もはや、アッピウスはじっとしていられない。息子たちに付き添われ、元老院（写真4）議場での発言の許可を求めた。

「わしはもはや目が見えなくなったが、耳も聞こえなければいいのに、と思うくらいだ。あんなピュロス風情《ふぜい》の和平に応ずるとは、ローマの名声に傷をつけること、はなはだしい。常日頃《つねひごろ》、諸君が全人類に言いふらしていた文句はどこに行ってしまったのか。『もし、かのアレクサンドロス大王がイタリアにやって来て、若者だった頃のわれわれや男盛《おとこざか》りの父たちと戦っていたとしたら、今頃彼は無敵と讃えられることもなく、敗走するか、ひょっとしたら命を落としていたかもしれず、その結果ローマの名声はいっそう高まっていただろうに』と。あの気概はどうしたのだ」（プルタルコス「ピュロス伝」『英雄伝』）

時は前三世紀はじめ、すでに侵入してきたガリア人をしりぞけ、近隣の諸部族も服属させ、とりわけ難敵だったサムニウム人をも打ち破り、ローマはもはやイタリア半島に並ぶ者なき、破竹《はちく》の勢いだった頃だ。

古老《ころう》の心意気は、ローマ人をふたたび戦争の情熱に駆り立てた。派遣された和平の使節は送り返され、帰国後、こう報告する。

「私には、元老院は多数の王者の集まりのごとく見えました。また、民衆はといえば、切

写真4 元老院議事堂

共和政末期の建設。ローマ市内の遺跡群フォロ・ロマーノに現存

り落とされてもすぐに頭が再生する多《た》頭《とう》怪獣ヒュドラのごときものであり、戦うのが恐ろしい相手です。前列の兵士の二倍がうしろで待っており、さらにその数倍の人数も武器を取るローマ人が控えているのです」

共和政の牙城《がじょう》である元老院は、有能な王のごとき勇将にあふれていたという。また、巷《ちまた》では好戦的な民衆の熱気がぷんぷん感じられたに違いない。そして、ローマ軍はふたたび戦意を発揚、ピュロス王の軍勢をイタリアから追い出すことに成功する。

アッピウスは恐れや不安にたじろがず、まわりの価値観に左右されない強さを秘めた人物である。さらに、国家という集団が、どのような土台の上に成り立つかをよくわきまえていた。断固とした決意で街道と水道を開設し、社会の利便性に配慮する姿には、颯爽《さっそう》としたものがある。今日《こんにち》でこそ、インフラ整備は国家社会の土台をなすと誰もが口にする。だが、それを二千数百年前に見抜いていたのだから、その慧眼《けいがん》には目を見張る。

軍隊を率いる将軍としては平凡だったが、その名声は衰《おとろ》えるどころか、のちに四人の息子のうち三人が執政官になったのだから、むしろ上がり続けた。

監察官として革新的な成果を挙げ、ローマ国家にはかりしれない恩恵をもたらした。華々《はなばな》しい戦勝こそなかったものの、彼が切り開いたのは日常生活という戦場での勝利であった。それをローマの民衆は肌で感じ取っていたに違いない。

アッピウスは、記録に残るかぎりでは、最古の著述家の一人である。数冊を書いたと伝えられるが、いずれも現存していない。類稀《たぐいまれ》な先見性を備えた人物であっただけに、その内面を知る手がかりが失われたのは残念である。

ファビウス——耐えがたきを耐える「ローマの盾《たて》」

クィントゥス・ファビウス・マクシムス・ウェッルコスス・クンクタートル（前二七五〜同二〇三年）

内《うち》に秘めた強い意志

もともと「オウィクラ（子羊）」というあだ名でも呼ばれていたから、その男児はおとなしく、鈍《にぶ》いところもあったのだろう。口数も少なく、遊びに加わるのもためらいがちだった。学ぶ時にも利発とは言えなかったし、親しい友には愛想《あいそ》よく従順ですらあった。傍《はた》目《め》には、愚鈍に感じられたという。だが、慎重に眺めていた人のなかには、この男児の奥底にひそむ、高邁《こうまい》な精神を感知していた者もいた。

時を経《へ》るにつれ、この男の心映《こころば》えの良さは衆目の認めるところとなった。何もなさないように見えるのは冷静だからであり、臆病《おくびょう》そうなのは慎重だったのである。万事《ばんじ》につけ鋭敏でなかったのも、どっしりとした不動の心構えが身についていたからだった。

偉大なる国家を守るためには、戦争は避けられない。その道理をわきまえると、体を鍛《きた》え、弁舌を磨くことを怠《おこた》らなかった。言葉は民衆を説き伏《ふ》せるための手段だが、その弁舌には飾《かざ》りも美辞麗句《びじれいく》もなく、むしろ深みをともなっていたという。

この男の名はファビウス・マクシムス。数百年前、近隣部族との戦いでファビウス氏族三〇六人だけで立ち向かい、若者一人を除いて全員が討《う》ち死《じに》した。その誉《ほま》れはローマ人のよく知るところだった。ファビウス家を名乗るからには、その若者の子孫に違いない。

ファビウスは四〇歳を過ぎて執政官になり、リグリア人を打ち破って凱旋式を挙《あ》げた。その後も執政官に再選され、生涯で五度務めている。

かつてローマがカルタゴと戦った頃（第一次ポエニ戦争）、ファビウスはまだ若者だった。それから二十数年を経て、ふたたび西地中海世界は風雲《ふううん》急を告げていた。北アフリカに拠点を持つ海洋大国カルタゴは、イベリア半島にも勢力をのばし、ローマへの反撃の機会をうかがっていた。

前二一八年、イベリア半島を出発したカルタゴ軍は、戦略家ハンニバル（写真5）に率いられて、アルプスを越えた。迎え撃つローマ軍は、ハンニバルの才覚を侮《あなど》って奇策にはまり、敗走を繰り返した。当時ガリア・キサルピナと呼ばれたイタリア北部の大半に、カルタゴ軍の勢威がおよぶ。

連戦連勝するハンニバル軍に、ガリア人たちはますます加担する。ハンニバル軍は翌年

写真5 ハンニバル

チュニジアの5ディナール紙幣に印刷されているハンニバル、彼《か》の国では英雄である

春にはアペニン山脈を南下しながら、ローマ軍の防衛網をすりぬけた。気がついたローマ軍は、執政官フラミニウスに率いられ、ハンニバル軍を追ってトラシメヌス湖畔の細い道を進む。朝靄《あさもや》がかかり、ローマ軍の長い縦列《じゅうれつ》が続く。

突然、沿道の茂《しげ》みのなかからカルタゴ軍が襲いかかった。夜の間にハンニバルは兵をひそませ、待ち伏《ぶ》せしていたのである。ローマ軍はなす術《すべ》もなく、全滅。将軍フラミニウスは戦死した。

カンナエの戦い

それにしても、ハンニバルは戦術家として桁《けた》はずれだった。それは、ローマ人が経験したことがないものだった。あまりにも大敗続きだったために、ローマは非常事態におちいる。そして、名門貴族で人望のあるファビウスが独裁官に指名された。

ファビウスは、ハンニバルとまともに対決するのは愚かだと気づいていた。正面きっての合戦を避け、付かず離れず、ひたすらハンニバルの尻を追いかけるだけ。この遅延作戦のために「ぐず（コンクタトール）」のあだ名で揶揄《やゆ》される。

だが、ファビウスは臆病だったわけではない。大軍を率いれば、それなりに物資や兵力がいる。軍事行動の背後には、必ずそれらの補充のための人と物の流れ（兵站）がある。それを妨げ、カルタゴ軍が消耗《しょうもう》するのを待つ。それがファビウスの狙いであった。

このファビウスのもくろみは、ローマ人には評判が悪かった。だが、さすがにハンニバルは、戦術家ファビウスの才覚を見抜いていた。人望のある統率者が評判を落としているなら、それに上塗《うわぬ》りしてやるのも戦術のうちではないか。

ハンニバル軍は各地の領地を荒らし、略奪を繰り返したが、ファビウスの領地だけは手をつけなかった。あたかもファビウスがハンニバルと意を通じているかのように。

ローマの民衆は怒り狂った。だが、ファビウスもハンニバルの策略に乗せられてばかりではない。さっさと自分の土地を国家に寄進してしまう。この潔《いさぎよ》さがファビウスを疑惑の目から救った。高潔な人物として、ファビウスはますます信頼を集めたのだ。

ファビウスの「ぐず作戦」はすこしずつ、ハンニバル軍の兵站という腹部に打撃を与えつつあった。ハンニバル軍は物資の徴発《ちょうはつ》こそできたものの、兵力の補充はまるでだめだった。現段階で優勢であっても、いつまで持つのか知れたものではない。そう思えば、誰もハンニバル軍に与《くみ》する気にはなれない。その結果、ハンニバル軍は五万を超えることはなかった。

前二一六年春、ローマは物資も兵力の補充も十分だった。イタリア本国にいるのだから、兵站力にぬかりはない。もともとアッピア街道の敷設から始まったように、兵站重視はローマ人のお家芸である。新たに徴兵《ちょうへい》された者で膨《ふく》れ上がり、総勢はほぼ八万近くに達《たっ》した。

その頃までに、ハンニバル軍は南東に数日間移動してカンナエの地に陣を布く。そこは、南イタリアのアドリア海に注《そそ》ぐ川沿いの平原であった。そのあとを追うローマ軍も陣地を構える。統率するのはもはや、ファビウスではなかった。この年の執政官二人、主戦派のウァロと慎重派のパウルスであった。

このカンナエが古代最大の決戦場となる。だが、ローマは軍勢ではるかに勝りながら、大混乱におちいる。ハンニバルの戦略にはまり、カルタゴ軍に囲まれてしまう。もはやローマ軍の運命は尽きた。あとには悲惨な殺戮《さつりく》が待つだけだ。死者は七万人というから、壊《かい》滅《めつ》と言っていいだろう。一回の合戦でこれだけの戦死者を出したのは、第一次世界大戦までなかったとまで言われている。

ファビウス父子vs.ハンニバル

この大敗が広く知れわたれば、イタリア各地でローマに離反する都市が続出するのではないか――カルタゴ軍はそう期待したが、現実は違った。というのも、本国カルタゴからの補給は相変わらず届かず、兵站力に欠けるハンニバル軍に信頼が置けなかったのである。

ともあれ、ローマは未曾有《みぞう》の国難の渦中《かちゅう》にあった。民衆は祖国愛に目覚《めざ》め、祖国のために死ぬことをも厭《いと》わぬ風潮になった。進んで徴兵に応ずる者たちが相次ぎ、富裕者は自分の奴隷を軍隊に提供した。すみやかに兵力の立て直しもなり、一気呵成《いっきかせい》の反撃戦の機運も高まる。

だが、熱気にあおられて復讐《ふくしゅう》の大攻勢をかけるのでは、敵の思う壺《つぼ》ではないか。さすがに元老院は慎重であり、ファビウスの「ぐず作戦」が見直される。ファビウスは前二一五年および同二一四年と、異例にも二期連続で執政官に選出された。翌年には、ファビウスの息子が執政官に選ばれ、父は息子の副将となる。

この時の父子をめぐる伝承がある。騎乗した老ファビウスが、息子に近づいてきた。若きファビウスは、従者に「下馬《げば》して身ひとつで歩いてくるように」と伝えさせた。周囲の人々は誉《ほま》れ高い老ファビウスの心を気遣《きづか》ったが、父はひらりと馬から降りて、息子に歩み寄り、抱きしめながら言った。

「執政官としての立場をよく心得ておるな。国家の大事《だいじ》は親子関係にも勝るのだから」

ところで、ファビウスの同僚執政官には、勇名をとどろかせたマルケルスが選ばれている。かつて第二次ポエニ戦争前、北イタリアにおいてガリア人との戦いがあり、マルケルスは一騎打ちの騎馬戦で敵の首領を殺害、その武具を奪ってユピテル神に奉納したという。それは、ローマの武人にとって至高の武勲（スポリア・オプティマ）であった。

マルケルスはシチリア島のシラクサ攻略に乗り出す。苦戦続きだったが、内通者が現われ、マルケルスのたくみな用兵もあり、前二一二年、シラクサは陥落した。

前二一一年、ハンニバルを支援してきた都市のうち、最大の勢威を誇ったカプアをローマ軍が包囲した。ハンニバルはその包囲網を襲撃するよりも、ローマへと進軍する。カピトリウムの丘からも、ハンニバル軍の野営の火が見えるほどだった。

しかし、それはカプアからローマ軍を引き離すための陽動作戦だった。それを見抜いていた知恵者ファビウスは民衆を落ちつかせ、カプア包囲続行を呼びかける。民衆はファビウスの言葉を信じ、混乱は生《しょう》じなかった。やがてカプアも陥落した。

マルケルスはそののちイタリア本土に戻り、ハンニバルと三回対戦した。両軍とも善戦したが、決着はつかなかった。ハンニバルは述懐する。「ファビウスはまるで教師のごとき人だが、マルケルスはまさしく敵そのものだ。ファビウスは私の失策に罰を与える。だが、マルケルスはいつも私に危害をもたらそうとするのだ」と。

しかしながら、もはやハンニバルはローマと決定的に対峙《たいじ》することはできなかった。イタリア南端部を占領し続けるだけで、いたずらに時を過ごす。このために、ローマの民衆はファビウスを「ローマの盾」、マルケルスを「ローマの剣《つるぎ》」と呼び、二人の功績を讃えたのである。

晩年の汚点

前二〇九年、ファビウスは五度目の執政官に選ばれた。三年前にハンニバルに奪われた港町タレントゥムを取り返そうとする。

敵兵の裏切り行為を利用して攻略したことを恥《は》じていたのか、奪回に成功すると、工作の事実が明るみに出ないように協力した敵兵を殺せと命じたという。高潔で知られる人物らしからぬ行為であり、しかも思惑もはずれてしまう。そのせいで、不敬虔《ふけいけん》で非道な老人という非難を浴びることになる。ファビウスらしからぬふるまいであり、まるで「ぐず」の異名を拭《ぬぐ》い去らんとして、功名心《こうみようしん》に負けてしまったかの印象がある。

さらにファビウスが残した汚点がある。のちに救国の英雄と讃えられる若きスキピオ(大スキピオ)が登場した時も、何かにつけ、積極的なスキピオの戦略に反対したのだ。

イベリア半島で戦闘を重ねてカルタゴ勢力を圧倒していたスキピオは、カルタゴ本土に攻め込むことを主張していた。慎重なファビウスは、この無思慮な若造のために国難が訪れるかもしれないと危惧《きぐ》していた。スキピオが民衆の人気と期待を集めるにつれ、スキピオのアフリカ遠征のために戦費を出すことを認めないように仕向けたという。スキピオは、個人で金を集めなければならなかった。

当初、ファビウスは、できるかぎり平穏にという配慮を持っていたに違いない。だが、スキピオが嘱望《しよくぼう》されるにつれ、名誉心と競争心が頭をもたげてきたのだろうか。長い年月をかけても自分はイタリアからハンニバル軍を追い出すことができなかった、それなのに、あの不遜な若造が一気に戦争を終わらせてしまえば、自分の弱腰が際立《きわだ》ってしまう――そう考えたのかもしれない。

事実、前二〇二年、北アフリカのザマの戦いで、スキピオのローマ軍はハンニバルのカルタゴ軍を圧倒する。この輝かしいスキピオの勝利の前年に、ファビウスはこの世《よ》を去っていた。彼個人にすれば、それは幸運であったかもしれない。ある意味で、ファビウスは晩節を汚《けが》してしまった。自分の功名心や嫉妬心に負けたのである。

とはいえ、「ローマの盾」として、名将ハンニバルの大攻勢を押しとどめた忍耐強い戦略は史上に残る。十九世紀後半、高まりつつある社会主義運動のなかで、ユートピア思想の急進主義を嫌うイギリスの知識人たちは、智将ファビウスにちなんでフェビアン協会[Fabian Society]を設立した。民主的、漸進的《ざんしんてき》、平和的な社会の進化を目指したからである。

大スキピオ――ハンニバルに鍛《きた》えられた救国の英雄

プブリウス・コルネリウス・スキピオ・アフリカヌス・マイヨル（前二三六～同一八三年）

父の敵討《かたきう》ち

前三世紀の地中海世界に立てば、イタリアの覇者ローマと海洋大国カルタゴの国力には甲乙《こうおつ》つけがたいものがあった。やがてローマとカルタゴが激突し、その戦いは二〇年以上におよんだ。一進一退の膠着《こうちゃく》が続いたが、ローマ優勢のうちに幕《まく》が下りた。

それから一世代が過ぎ去り、北アフリカを本国とするカルタゴ勢力はイベリア半島にも拠点を構え、ローマ反撃の機会を狙っていた。そこからカルタゴ軍はハンニバルに率いられ、アルプスを越えてイタリア半島に侵入する。

ハンニバルとの戦いが始まった頃、プブリウス・コルネリウス・スキピオ（写真6）はまだ十代の若者だった。北イタリアにおいて父の指揮下で初陣《ういじん》を飾った時、カルタゴ騎兵隊から父を救ったという。また、あのローマ史上最大の惨敗《ざんぱい》であったカンナエの激戦にも青年将校として参加し、かろうじて敗残兵と共に脱出したという。

前二一一年、イベリア半島の戦線から、父と叔父《おじ》の訃報《ふほう》が届く。スキピオが二四歳の時だった。このイベリア戦線は劣勢にあったので、進んで統率者になろうとする者が少なかった。だが、スキピオ兄弟の血を引く若者は、物怖《ものお》じすることはなかった。

すでに造営官《ぞうえいかん》（アエディリス）を経験していたとはいえ、二十代半ばの若造が軍隊を率いる司令官に起用されるなど、常識ではありえなかった。しかし、元老院は慣例を無視して、二六歳になったばかりの青年にイベリア遠征の希望を託《たく》した。

スキピオには親愛なる父と叔父の敵討ちという大義があった。それは、多くのローマ人同胞が共感するところでもあった。また、スキピオ兄弟の名は、すでに部族民の間にとどろいていた。兄弟の温厚な人柄による友好的な人脈が残っていたのだ。それを背後に持てば、快《こころよ》く迎えられることにもなる。さらに、この若者にはなんとも言えぬ人を惹《ひ》きつける魅力があったという。

そもそもローマの社会では、信義にもとづく自由な人間関係が重んじられた。このような関係は、占領地や属州地においても同様である。外征するローマの有力貴族と部族民の首長《しゅちょう》層との間には、やはり相互の信義にもとづく友誼《ゆうぎ》関係が生まれる。それは親分（パトロヌス）・子分（クリエンテス）の関係でもあるが、心の信頼による結びつきであった。

スキピオ兄弟は、このような信義の絆《きずな》を部族民の首長層と結んでいたのである。父と叔父の血を引く青年スキピオが登場する背景には、そのような土壌があったのだ。

神がかり的勝利

前二一〇年、スキピオはイベリア半島に到着する。未知の土地であれば、ことさら現地の事情と原住民の動きを調べなければならない。スキピオの情報収集能力は際立《きわだ》っていた。何よりもカルタゴ勢力の本拠地カルタゴ・ノウァを攻撃する。そこを急襲すれば、カルタゴ軍が来援しても、まにあわないことが情報分析からわかっていた。

写真6 大スキピオ

大スキピオ像（カピトリーニ美術館蔵）

理知的で合理的でありながら、スキピオはどこか神がかりなところがあった。「夢に現われた神はわが軍への守護を約束された」とスキピオが告げる。兵士たちの意気は上がったという。

さらに地元の漁師たちの口から、引《ひ》き潮《しお》

になると都市の岸辺に干潟《ひがた》が広がることも聞き出していた。スキピオ軍が到来し、引き潮が始まると、目の前に奇跡のごとく干潟が浮かび上がる。そこを歩きながら、まるで神々の加護に与《あずか》るかのように、スキピオ軍はカルタゴ・ノウァに進撃したのである。

電光石火のごとき、カルタゴ・ノウァの占領。その手腕と魅力的な勝利のおかげで、スキピオは神々の寵愛《ちょうあい》を受けているという伝説すら生まれる。兵士たちのスキピオへの信頼と忠誠は絶大なものになった。そればかりか、部族民の族長《ぞくちょう》たちの心をも惹きつけたのだった。

ある戦いで首尾よく勝利を収めた時のこと。ある部族長の娘が捕虜として差し出される。彼女は目を見張るほどの美貌《びぼう》であった。勢威を誇る武将なら、手をつけてもなんら非難されることはないのだ。

「だが、スキピオはこの娘を婚約者のもとに返してやり、さらに両親から身代金として提供された金銀を結婚の祝儀として届けてやった。娘の属する部族はスキピオのふるまいに感激し、みずから進んでローマ軍への忠誠を誓《ちか》うのであった」(フロンティヌス『戦術論』)

スキピオにすれば、敵地にあって部族民の支持を取り付けるための冷静な判断であったであろう。それにしても、道理をわきまえ情け深いスキピオの人柄がよく出たエピソードである。

イベリア半島での戦闘はさらに続く。スキピオの勝利はますます確かなものになった。かつてカルタゴを支援していた隣国ヌミディア（現・アルジェリア）の王マッシニッサも若き名将スキピオに好感を寄せるようになっていた。

ザマの戦い

前二〇五年、スキピオはローマに帰国し、英雄として迎えられた。やがて執政官に選出され、ただちにカルタゴ本国のある北アフリカへの遠征計画の実現に着手する。

だが、この勇壮な計画に、「ぐず戦法」の老雄ファビウスはいつも反対だった。元老院の大勢《たいせい》は消極論に傾く。だが、スキピオへの民衆の期待を考慮すれば、遠征そのものには反対できない。そこで、国費による軍団は提供しないが、遠征するなら自分で志願兵を集めろ、と命じる。これは、かなり底意地《そこいじ》の悪いものではないだろうか。

しかし、名将の誉《ほま》れと魅力的な人柄のおかげで、スキピオはほどなく多数の兵士を徴集することに成功する。やがて、新兵訓練のために、一年間シチリア島で過ごすことになる。この時、ギリシア趣味を示すことに臆《おく》せず、ギリシア風の衣装をまとって陣頭指揮にあたったという。もともと、シチリア島はギリシア文化の根づいた地域である。だが、スキピオの「ギリシアかぶれ」は国粋派《こくすいは》のローマ人にとって、眉《まゆ》をひそめることだったらしい。

スキピオは、イタリア半島でハンニバルと兵刃《へいじん》を交えることを避けていた。カルタゴ本国のあるアフリカへの遠征は、そのための戦略だった。上陸すると、次々と敵地を攻略し、平原の合戦でも勝利を収める。だが、カルタゴ軍の奇襲によって、輸送船を破壊されてしまう。好機到来とばかり、おびき寄せられるようにハンニバルが帰還する。それは、スピキオの思惑通りだった。

前二〇二年、ハンニバル軍とスキピオ軍はザマで決戦の時を迎える。ザマは、カルタゴ本国（現・チュニジア）の西南部にある。そこで、カルタゴ軍とローマ軍が睨《にら》みあう。

カルタゴ歩兵三万六〇〇〇、ローマ歩兵二万三〇〇〇。ハンニバル軍の歩兵力が勝《まさ》っている。しかし、騎兵力は四〇〇〇と六〇〇〇であり、スキピオ軍が勝《まさ》った。さらに、かつてカルタゴ軍を支援したヌミディアは分裂し、両軍に騎兵隊をもって馳《は》せ参じている。王族の一人はカルタゴを支援し、ヌミディア王マッシニッサはローマ軍を支援する。マッシニッサはローマの実力とスキピオの人柄を見込んでいたのだろう。

ハンニバルは先頭に八〇頭の象部隊を配置する。第一列に新傭兵《ようへい》、第二列に市民兵、第三列に古参兵を配し、両翼を騎兵軍で援護させる。これに対して、スキピオは最前列に軽装兵を配備し、後方三列を重装兵で固める。ただし、ある間隔で切れ目を作り、開放通路を置く。象部隊を誘い込むための奇策である。もちろん、両翼には騎兵軍を配置する。その右翼はマッシニッサの指揮するヌミディア騎兵だ。

象への懸念は、トランペットと投げ矢のせいで、たいしたことにはならなかった。驚き怒り狂った象の大群は、むしろカルタゴ騎兵隊に突進したのである。だが、歩兵軍どうしの戦いは熾烈《しれつ》をきわめた。騎兵隊どうしの戦いでは、両翼ともローマ軍が制覇した。追撃から戻ったマッシニッサの率いるヌミディア騎兵隊が、カルタゴ歩兵軍の背後に現われる。カルタゴ軍は包囲され、抗戦すらできずに、勝敗は決まった。数多くのカルタゴ兵が戦刃《せんじん》に倒れ、それ以上の者が捕虜となった。

振り返れば、ハンニバル軍がカンナエで取った奇襲作戦が、そっくりそのままスキピオ軍によって、再演されたことになる。戦争で勝つということは、時に重要なものを失うことでもある。それは、戦術の秘密である。

おそらく、若きスキピオは、あの悲惨なカンナエの激闘に参戦していた。さんざん辛苦《しんく》を嘗《な》めたに違いない。ハンニバルの戦術は、いやでもスキピオの脳裏に刻まれていただろう。若き敗残者は、有能な勝者の戦術をとことん研究していたのである。

スキピオのおおらかな人柄、ギリシア趣味の進取の気性、規律に厳しくないこと……ことごとく、保守的な国粋派は反発を覚えたらしい。スキピオが救国の英雄と讃えられ、勢威を持てば持つほど、対抗勢力は個人崇拝への懸念をあおった。

前一九〇年、スキピオは念願の東方遠征に参加した。弟の副将としてであったが、シリア軍と戦った。スキピオの息子も従軍していたが、シリア軍に捕《と》らえられてしまう。幸いにも、ほどなく解放された。やがて、ローマ軍はシリア軍を撃破するのだが、この会戦にスキピオは参戦しなかったという。息子を解放してくれたことへの恩義を感じていたのかもしれない。真偽のほどはともかく、スキピオらしいエピソードである。

その後、小アジアにも遠征し、やがて帰国する。だが、ローマではスキピオ兄弟の遠征中、反スキピオ勢力がのさばりつつあった。とりわけ、カトー（大カトー）は糾弾《きゅうだん》の急《きゅう》先鋒《せんぽう》であった。兄弟が帰還すると、弟と共に使途不明金があったとして告発される。スキピオは激昂《げきこう》し、救国の英雄に心を配る義務を思い起こさせよう、と反論した。しかし、有罪こそまぬがれたものの、イタリア南部のカンパニアの田舎に引退せざるをえなかった。

晩年のスキピオは、忘恩の祖国への恨《うら》みが断《た》ちがたかったに違いない。前一八三年に死去、享年《きょうねん》五二歳。彼は、スキピオ家の墓に葬《ほうむ》られることすら拒否したという。奇《く》しくも同年、戦術の天才ハンニバルも自殺して果てている。享年六四歳だった。

大カトー——「道徳の番人」を自負した国粋主義者

マルクス・ポルキウス・カトー・ケンソリウス（前二三七〜同一四九年）

父祖の遺風

カルタゴの名将ハンニバルの知略でローマ軍が大敗したカンナエの戦いのあと、ローマ社会の危機感ははなはだしかった。そのために、女性の華美《かび》を規制する法案が通過した。提案者の護民官の名にちなんでオッピウス法と呼ばれる。

同法には、金製品は少量しか所有してはならない、多彩色の衣服を着てはならない、祭礼の場合を除き、都およびその領域内において車駕《しやが》を使用してはならない、などが規定されていた。悲惨な敗戦後の厳しい時代だったから、女性たちもこれらを当然のものと見なしていた。

ところが、戦争が終わり平穏な時代が訪れると、事情は異なる。前一九五年、護民官の二人は、同法の破棄を民会に提案する。だが、もう二人の護民官はその提案に反対し、存続を訴えた。賛否両論に分かれ、侃々諤々《かんかんがくがく》たる議論が起こる。

歴史家リウィウスによれば、カピトリウムの丘は賛成派と反対派との双方の群衆でごったがえしたという。当の女性たち自身も黙っていなかった。彼女たちは評判を気にせず、慎《つつし》みを捨て、夫の言いなりにならず、家を出て街頭に繰り出し、広場に向かう道路を埋《う》め尽くした。

この時、執政官の一人で旧套墨守《きゅうとうぼくしゅ》の男がオッピウス法の破棄に反対し、演説した。「夫の権利と威厳を断固として保持していれば、女どもと面倒を起こすことにはならなかったのだ。今や、家庭だけでなく公共の場でも、男の自由は女の無法さに踏みにじられている。女どもに集会や協議の機会を認めることほど、危険きわまることはない」と。

現代から見ても、あからさまな性差別の発言にあふれているが、結局のところ、それを時代遅れとする穏当な意見が大勢を占め、オッピウス法は破棄されたという。

この破棄に反対した男こそ、のちに大カトーと呼ばれる人物である。大部《たいぶ》の『農事誌』を書いたことでも、また弁論家としても名高い貴族である。貴族でありながら、「偉大な元老院議員であるよりも、善良な夫や父であることを評価する」とも言っている。

ローマ人はことのほか「父祖の遺風」を重んじる（写真7）。すぐれた遺風がすぐれた人々を鍛え上げ、卓越した人々がまたその遺風を磨き上げる。それは世《よ》の掟《おきて》であるばかりか、知恵でもあり、技術でもあり、生き方そのものである。さらに、それは日本の武士道にも似た武人の心構えでもある。

このような父祖の遺風は、何よりも子弟教育のよりどころだった。だから、教育は他人任《まか》せにすることなく、家長《かちょう》の仕事でもあった。きわめつきの国粋派カトーにとって、熱意を持って鍛え上げた息子は〝傑作〟でもある。

しかし、それについて、厳しいだけのスパルタ教育のようなものを想像するのはまちがいだ。カトーは妻が嬰児《えいじ》を洗ったり、オムツをあてたりする時に、できるだけ傍《そば》にいようとしたし、「妻や子どもをなぐる者は、もっとも清く聖なるものを汚《けが》す者だ」と語っている。おかげで、この息子は虚弱体質にもかかわらず、勇敢な武人に成長した。

ある日、彼は戦場で自分の剣を失くし、気落ちしてしまう。だが、すぐに気を取り直し、仲間を引き連《つ》れ、ふたたび敵陣に乗り込む。そして大格闘の末、死体と武器の山のなかから自分の剣を見つけ出す。軍を率いる将軍は若者の勇気に敬服し、父親は息子の名誉心と努力を褒《ほ》めちぎった。

正義感あふれ、自他共に厳しい

カトーは一七歳の時に初陣を飾った、と自慢げに語っている。おそらく、従軍したのはハンニバルとの戦いの初期だっただろう。その後も、何度も参戦しているらしい。遠征に参加しなかった時には、ローマ近郊の自分の農場でみずから汗水をたらし働いていた。そこでは農夫らと同じ皿《さら》から食べ、同じように質素に暮らした。常識をわきまえていたので、政治家にふさわしい人物として、近隣の貴人の目にもとまったという。

その後、相次いで公職に就いても、公金の無《む》駄《だ》遣《づか》いも汚職らしきこともいっさいしなか

写真7 祖先と共に

トーガを着用、カルケウス（高級靴）を履いた貴族。両手に抱えるのは父と祖父の頭像。祖先と家系への尊崇がうかがえる（モンテマルティーニ美術館蔵）

った。それほど公明正大であり、冷徹なほど正義を貫く人物だった。清廉潔白《せいれんけっぱく》だが、奴隷や敵には温情を見せず、冷酷ですらあったという。

軍隊を率いる将軍としては、まずイベリア半島で部族民を服属させている。先頭に立って勇敢に戦いながら、その采配《さいはい》は非の打ちどころがないものだったという。さらに金鉱と銀鉱を開発したから、ローマの国家財政は潤《うるお》った。それでも、節約することを怠《おこた》らず、帰国費用を捻出《ねんしゅつ》するために、自分の軍馬を売り払うことすら厭《いと》わなかった。帰国後、凱旋式を執《と》り行ない、兵士たちには通常以上の報奨金を渡した。

次に、東方遠征でシリア軍を打ち破っている。本人の語るところに従えば、自分の知恵と勇気のおかげだったというが、この話にはかなり自己宣伝の臭《にお》いがしないでもない。

カトーは、能力のない司令官が凱旋式を挙行することに我慢《がまん》がならなかったらしい。他人の凱旋式はなかなか許さなかったという。目立った功績もない人物の彫像が建てられることにも不快感を隠そうとはしなかった。「死後になぜ私の彫像があるかとたずねられるくらいなら、なぜ私の彫像がないのかとたずねられたほうがましだ」と語っていたくらいだ。

清廉潔白を旨《むね》としていたから、彼は道徳の番人を自任していた。法務官や執政官を歴任後の前一八四年、監察官に選ばれる。それこそ、まさしく政敵たちが恐れていたことであり、味方の支持者が期待していたことだった。

大規模な建設・補修工事に着手しながらも、業者に対する監視は厳しかった。贅沢品《ぜいたくひん》は課税をまぬがれず、無駄な彫像は片づけられた。ある元老院議員は、娘の目の前で妻に口づけした（もっと淫《みだ》らなことだったという伝えもあるが）だけで、除名されたという。

その頃、カトーは得意満面であったに違いない。流行に媚《こ》びず、倹約に努め、風紀にもとる者を情《なさ》け容赦《ようしゃ》なく非難した。しかし、その仕事ぶりは、市民たちには温《あたた》かく見守られたらしい。

その後も、高潔な政治家として人々の敬意を集めている。贅沢とギリシア文化の流入を道徳退廃の原因として批判し、政敵を容赦なく告発している。しかし、その正義に殉《じゅん》じる姿勢を、まわりの者たちが熱烈に支持するふりをしていただけだったともいう。陰で迷惑がっていた人々も、少なからずいたのであろう。

実際、糾弾された者の多くは敵になり、逆に彼らから告発されて、多くの訴訟をかかえこむことにもなった。もっとも、およそ四五件の訴訟を起こされたが、敗訴したのは一件だけだった。「敵の数が多いだけ、人物は評価される」が口ぐせだったという。その点でなら、文句なくカトーはすぐれた人物であった。自分に厳しいだけ、他人にも厳しかったのだろうか。

それにしても、カトーの国粋者ぶりはひとかどではない。特に、ギリシアかぶれの流行には嫌悪感をいだいていた。医者の大半はギリシア人だった時代だから、息子にも医者にかかるなと警告するほどだった。

すさまじいばかりのギリシア嫌いだが、いかんせんギリシアは先進国である。その風潮に逆《さか》らうことができなかったのか、晩年にはギリシア語を学び始めたという。いかめしいカトーが必死に学んでいる姿は、ほほえましい光景かもしれない。

スキピオへの嫉妬

ところで、公明正大な政治家カトーを見る時、どうしても腑《ふ》に落ちないことがある。それは、ある意味人間臭いとも言えるかもしれないのだが……。

スキピオとほぼ同年生まれのカトーは、この救国の英雄に対し、生涯敵対心を燃やしたのである。スキピオがシチリア島で新兵の訓練をしている頃、カトーは視察したという。カトーは、スキピオのおおらかな人柄、ギリシアかぶれ等に反発を覚えたらしい。事《こと》の真偽はともかく、二人が青年の頃から犬猿《けんえん》の仲だったことを示唆《しさ》するものである。

前二〇二年、ザマの戦いのあと、カルタゴとの長い戦争を終結させたスキピオが帰国する。彼は「アフリカヌス」という尊称をもらい、民衆の歓呼と貴族の羨望《せんぼう》のなかを凱旋した。この時、誰よりもスキピオに嫉妬したのはカトーだったに違いない。スキピオが救国の英雄と讃えられ、華々しい勢威を持てば持つほど、カトーは妬《ねた》ましかっただろう。

確かに、スキピオへの讃美は個人崇拝へと結びつく懸念があったことも否定できない。そのような反スキピオ勢力が頭をもたげれば、おのずからカトーはスキピオ糾弾の急先鋒になる。そして、小アジア遠征から帰国したスキピオは、弟と共に使途不明金があったとして告発され、政治の表舞台から去る。

反スキピオの先陣を切ったカトーも、晩年になると気がかりなことが出てきた。きっかけは、ローマ使節団の一員としてカルタゴを訪問したことである。その都市の巨大さと豊かさに肝《きも》をつぶす。カルタゴはまぎれもなく復興していた。すでにカルタゴは、第二次ポエニ戦争の賠償金（五〇年分割払い）を一括して支払いたいと願い出ていたが、それは虚勢ではなかったのだ。

そもそも、ローマ人はカルタゴへの悪感情を強く持っていたわけではない。プラウトゥスの喜劇『ポエニ人』はハンニバル戦争後の作品であるが、そこには多少の侮蔑《ぶべつ》の念はあっても、反感や脅威はない。おそらく復興して繁栄するカルタゴを目にしながら、徐々にカルタゴ恐るべしの感情が芽生《めば》えたのだろう。

カトーは帰国すると、元老院に出向く。カルタゴから持ち帰ったイチジクをかざしながら、「この見事な果実が熟《じゅく》す国へは、ローマからたった三日の船旅で行けるのだ」とぶちまけた。そして、演説の最後は「それにしてもカルタゴは滅《ほろ》ぼされるべきである」と締めくくる。その後も、どんな話題の演説であれ、結びの言葉はこの台詞《せりふ》だったという。

カルタゴの脅威にとりつかれた男の執念が実り、前一四九年、ローマはカルタゴに宣戦布告する。それはカトーが人生の幕を閉じる直前だった。三年後、カルタゴは滅亡する。皮肉にも、その時のローマ軍の総帥《そうすい》は、スキピオ家の当主スキピオ・アエミリアヌス（小スキピオ）だった。

スキピオ家嫌いのカトーもこの男にだけは一目《いちもく》置いており、期待をかけていたという。もっとも八十代のカトーにしてみれば、三十代のスキピオは孫の世代でしかない。さすがのカトーも、孫の世代なら嫉妬の執念に燃えることもなかったのかもしれない。

コルネリア——英雄の娘にして、改革者兄弟の母

コルネリア・スキピオニス・アフリカナ（前一九〇〜同一〇〇年）

悲運の女性

悲しみにはさまざまあるが、いわゆる逆縁《ぎゃくえん》ほど深いものはないだろう。逆縁とはしばしば子が親に先立つことをいう。歴史を振り返る時、これほど逆縁の悲しみにくれた女性がいるだろうかと思いたくなるのがコルネリアである。

名門中の名門に生まれ、かの救国の英雄たる大スキピオの次女であり、カルタゴを滅亡させたローマ軍の大将たる小スキピオの姑《しゅうとめ》でもある。日頃から「私はスキピオの姑と呼ばれるよりも、グラックス兄弟の母と呼ばれたい」と語っていたという。自分の父親や甥《おい》よりも息子たちに偉くなってもらいたいという願いが愚痴《ぐち》のように出ていたのかもしれない。

ある時、大スキピオは友人に、娘コルネリアの結婚相手は決まったかと聞かれたという。まだ決まっていないと受け答えしているうちに、友人の薦《すす》めに従って結婚相手を決め

てしまった。

さて、その件を妻に報告しなければならない。コルネリアの結婚相手が決まったと伝えるやいなや、妻は腹立たしげに言った。「娘はセンプロニウス・グラックスのような人物と結婚させるつもりだったのに」と。それを聞いてスキピオはほっと胸をなでおろし、「その青年だよ」と笑ったという。

センプロニウスは、屈強なケルト系イベリア人の住む土地を平定し、公平な講和を結び、部族民を歓喜させた。やがて執政官にも二度就任し、傑出した力量を示す。だが、これらの名誉よりも、高潔な人柄で名高かったという。良き家庭人でもあり、妻コルネリアとの間に一二人もの子どもをもうけた。

ところが、乳幼児死亡率の高い古代とはいえ、夫妻にふりかかった運命は過酷だった。なんと九人が早世《そうせい》してしまったのである。そのうえ、夫は三子を残して世《よ》を去った。幸いにもティベリウスとガイウス、いわゆるグラックス兄弟は成人になっている。しかし、それもさらなる悲劇の幕開けだった。

土地問題と抵抗勢力

前一四六年、カルタゴを壊滅したローマは、もはや押しも押されもせぬ地中海の覇者だった。征服地が拡大し、戦争捕虜の奴隷が増え続けていた。そして、奴隷の耕作する大土地所有ばかりがはびこり、国家の担《にな》い手《て》たる自作農が没落しつつあった。なすべき道は土地問題の解決であり、民衆は土地の分配を望んでいた。

スキピオ一族のサロンは、先進的な革新思想をいだく人々の根城《ねじろ》だった。そこで育った兄弟は、貧民救済のために土地の再分配を思いつく。しかし、大土地所有に安住する貴族の既得権者たちは猛烈に反発するだろう。それを避けて改革を実施するには、身体不可侵《ふかしん》の特権を保障された護民官に立候補するしかない。

前一三三年、ティベリウス・グラックスは護民官に選出される。まずは貧民問題を解決しなければならない。新護民官は「限度を超えて占有された公有地は返還すべし」という改革案を出す。だが、既得権の剝奪《はくだつ》を嫌う大土地所有者たる貴族や富裕者は、猛烈に抵抗した。翌年、ティベリウスは慣例を無視して護民官の再任を企《くわだ》てる。元老院保守派は怒り狂い、反撃の好機到来とばかり、無残にもティベリウスを撲殺《ぼくさつ》してしまった。

やがて時がめぐり、兄の遺志を継いで弟ガイウスもまた護民官に出馬した。しかし、私有地と占有地との区別をはっきりさせるには、もはや手遅れだった。法改正で重任《ちょうにん》可能となった護民官職に再々度の出馬を狙ったが、反対勢力の妨害で三選目はかなわなかった。

それでも、さまざまな手立てで画策するガイウスを、コルネリアは支援したという。だが、それとはまったく異なる事情を伝えるものもある。ひとつの伝承では、母コルネリアはガイウスに対して不満をいだいていたというものである。また、この頃コルネリアがガイウスにあてたと言われる手紙が残存している。

「ティベリウス殺害者を別にすれば、いかなる敵といえども、おまえの企てのせいで母が被《こうむ》るつらさや苦しみほどに悲痛な思いを与えるものはありはしません。おまえは私の子どもたちすべてがもたらすはずのものを担って、老女の心をできるだけ乱さないように配慮しなければなりません。余命いくばくもない私のためなのです。国家の転覆をはかったりせぬように努力している私を助けることはできないのですか。……もしできないのなら、私が感じなくなった時、どうぞなんなりと好きなことをおやりなさい」（ネポス「断片」）

手紙の文面からして、この時コルネリアの実子《じっし》一二人のうち、おそらくガイウス一人しか残っていなかったのだろう。大それた国家変革などよりも、せめて健《すこ》やかに生きておくれ――わが子に寄せる、切ないまでの期待と悲哀。母親のすがりつくような悲痛な姿は心を打つ。

この手紙の信憑性《しんぴょうせい》を疑う議論もある。だが、グラックス兄弟の母なら、その心情が吐《と》露《ろ》されていると、ローマ人は誰しも思っていた。

しかし、母親の願いもむなしく、護民官に就任したガイウスは改革の途上で反対派に襲撃され、自殺に追い込まれた。グラックス兄弟二人の非業《ひごう》の死。民衆は悲しみながらも、卑屈になり恐れおののいていた。

だが、しばらくすると気を取り直し、グラックス兄弟への敬慕の念を表明するようになる。公共の場所に二人の彫像が建てられ、二人が殺された場所は清められて、聖地になるほどだった。四季の初穂《はつほ》が供《そな》えられ、人々は額《ぬか》ずいたという。

気丈《きじょう》なる母

コルネリアは度重《たびかさ》なる不幸に遭《あ》いながらも、毅然として耐え忍んだらしい。まだ樹木の緑におおわれていた頃のヴェスヴィオ山（写真8）を見晴らす、ミセヌムという港町で余生を過ごしたという。常日頃の生活には、なんら変わるところはなかった。スキピオ一族らしく友人も多かったし、食卓を豊かにして客人をもてなすことに努めた。それらのなかには、ギリシア人や学者も少なくなかった。さらに諸国の王侯貴族たちと贈物を交換することも忘れなかった。

このような友人・客人に愛想よくふるまい、特に偉大なる父親スキピオの生涯や言動について、得意そうにおしゃべりした。さらに驚くべきは、息子たちについて語る時でも涙や悲しみを見せることはなかったという。たずねられれば、昔のローマ人について触れるかのように、息子たちの事績や不幸を物語るのだった。

美しき良妻賢母、ローマ女性の鑑《かがみ》と謳《うた》われたコルネリア。あまりにも悠然たるたたずまいの女性像のために、口さがない陰口《かげぐち》をたたく人もいたらしい。コルネリアは老齢のせいか、あまりにも苦悩が重なったせいか、頭がおかしくなってしまい不幸を感じなくなったのだ、というのである。

写真8 ポンペイからヴェスヴィオ山を望む

79年、ヴェスヴィオ山が噴火。火砕流《かさいりゅう》によって、ナポリ近郊の都市ポンペイは埋没した

この陰口についての作家プルタルコスの反論がおもしろい。『英雄伝』の作者は、このような陰口をたたく人々こそ感受性にとぼしいと批判する。

「立派な家に生まれ、すぐれた素質を持ち、教育に恵まれれば、人はどれだけ悲しみに耐えられるようになるか、ということを理解できないのだ。人は不幸から身を守ろうとするにしても、逆境のなかで理性的に耐え忍ぶことができる。そのような美徳を身に帯《お》びた人間というものがわからないのだ」と。

プルタルコスは文人としては凡庸《ぼんよう》だったとしばしば言われる。だが、コルネリアに対する評価を読めば、すぐれた洞察力が垣間《かいま》見える。

すべての子を亡《な》くした母コルネリアだが、その後も一〇年あまりを生きて、かなりの高齢で他界した。彼女の悲しみは静かなだけに深くもあったが、それに毅然と耐える力が備わっていたのだろう。

マリウス――野心と名誉欲にとりつかれた男

ガイウス・マリウス・ガイウスフィリオ・ガイウスネーポ（前一五七〜同八六年）

民衆の支持と貴族の不支持

グラックス兄弟の弟ガイウスは三二歳で亡くなったが、それと同じ名を持つのがガイウス・マリウス（写真9）である。生き急いだかのような年少者に比べて、五歳年長のマリウスは人生を悠々と歩きながら秩序の破壊者になるのだった。

マリウスは、ローマ南方の田舎町で平民の子として生まれた。ローマの政界では〝新参《しんざん》者《もの》〟だが、貴族出身でないことに引け目を感じるような男ではなかった。それどころか、むしろ純朴な田舎者であることを誇りにしていたほどだ。軍人として頭角《とうかく》を現わし、スキピオ・アエミリアヌス（小スキピオ）のヌマンティア攻略戦でもめざましい活躍をする。スキピオは「貴殿のような名将をどこで探せばいいのか」とたずねられた時、「たぶんここにいる」と言いながら、マリウスを指したという。

ところで、新参者にはよくあることだが、当初はおとなしかった。元老院では、無難に保守派に従っていたらしい。しかし、有力貴族が後ろ盾《うしろだて》になり護民官に選ばれると、とんでもないことを言い出した。有権者に貴族が圧力をかけることを取り締まる、と言うのである。民衆は拍手喝采したが、元老院貴族たちは激しく憤《いきどお》った。どうあっても、これは古来の心ゆかしき親分・子分関係を踏みにじるものだった。

もちろん、この取り締まり法案そのものは拒否される。だが、元老院はマリウスを油断のならない人物として警戒するようになった。そのために造営官や法務官に立候補をするたびに、マリウスは妨害されている。かろうじてそれを切り抜けたが、それも民衆の支持があったからだ。

とはいえ、マリウスは行政手腕が際立《きわだ》っていたわけではない。だが、なんといっても軍人としては頼りがいのある男だった。アフリカ遠征の時、原住民の占《うらな》い師からは、いかなる野望もやりとげると予言されたという。マリウスは気を良くしたのか、前一〇七年度の執政官に立候補すると言い出す。

執政官立候補のためには、ローマに戻らねばならない。この時の上官のメテルスは思いとどまらせようとした。しかし、マリウスはそんな自重《じちょう》勧告に耳を傾けるような男ではない。それどころか、メテルスこそが自分自身の栄誉を目立たせようとして戦争を長引かせているという噂を流して、中傷する。

マリウスは軍人としての声望が高く、将ならマリウスしかいないと人々が考えるようになっていた。そのような声に押されるかのように、ローマに帰還することが許可されたのだった。

ゲルマン人との死闘

写真9 マリウス

マリウス像（ナポリ国立考古学博物館蔵）

選挙が実施され、マリウスは圧倒的な支持を集め、執政官に選ばれた。軍人としてすぐれた執政官は、ただちに軍制改革に取りかかる。長引くアフリカ戦線に決着をつけるためだ。かつてグラックス兄弟が気づいていたことだが、慢性の兵力不足を解決しなければならない。

マリウスは、武具を自弁《じべん》できない、土地を失った無産市民に目をつけた。しかも、新しい軍団を編制するにあたり、従来の徴兵制ではなく、志願制を導入することにした。

志願兵による軍団を編制することで、兵力不足という難問は解消される。なにしろ、土地を失った無産市民は、大都市ローマにはあふれるほどいたのだ。彼らをびしびし鍛えれば、軍事力の中核に据《す》えることができる。志願兵にとっては、給金をもらえるのだから働き甲斐《がい》もあった。

さしあたり、この軍団でアフリカ戦線に決着をつけ、前一〇五年、マリウスは帰国して意気揚々と凱旋式を挙げた。凱旋将軍だけが着てもいいとされる緋色《ひいろ》の礼服を式終了後も脱がず、そのまま元老院に入場するほどだった。それは、まさしく野心まんまんという姿だったから、保守的な貴族たちばかりか、市民の顰蹙《ひんしゅく》をかったという。

この頃、北方には、新たな強敵ゲルマン人がローマの領土を脅《おびや》かしていた。ローマ軍は相次いで撃破され、特にアラウシオ（現・フランス南部のオランジュ）の戦いは、目を覆《おお》うばかりの大敗だった。八万人のローマ軍のなかで、生き残った者はほとんどいなかったという。

さらに、三〇万人とも言われるゲルマン人の大軍が迫っていた。武将マリウスの活躍への期待が高まる。前一〇四年、平民の圧倒的な支持によりマリウスは執政官に再選され、軍団を率いて北方におもむく。ところが、ガリア南部で陣を張ったマリウス軍の前に、敵は現われなかった。

ゲルマン人の脅威は続き、異例にも、マリウスが連続して執政官に再選される。とうとう四度目の執政官となった前一〇二年、ゲルマン人のテウトニ族が大挙して攻め込んできた。

小柄なラテン系のローマ兵にとって、大柄なゲルマン人の大軍は脅威だった。ローマ軍は恐れすくんだかのように、まったく手を出さず、眺めているだけだった。そのローマ陣営をよそに、ゲルマン兵は気楽にも六日間をかけて通り過ぎていく。

マリウスは知将としてもすぐれていた。この傍観作戦は、威圧されそうな体格のゲルマン人に対し、ローマ軍兵士を慣れさせるためだったのだ。

テウトニ族の大軍が通過してしまうと、すぐにローマ軍は追走し始める。ゲルマン人は、戦術などおよそ頭になかったかのようだった。そこを、戦術家マリウスが猛襲したのだ。背後を攻撃された敵は、一〇万人が殺されたという。大勝したマリウスは北イタリアに戻る。

獰猛《どうもう》なゲルマン人は恐れを知らないかのように、今度はキンブリ族の大軍が迫ってくる。しかし、ゲルマン人は蛮勇だが、知略がないようだった。なんと、彼らは雪の積もった山から盾を橇《そり》にして滑《すべ》り降りてきた。能天気《のうてんき》な敵は、戦術家マリウスに率いられたローマ軍にとって、恰好《かっこう》の餌食《えじき》でしかない。それは戦闘というよりも、もはや大量虐殺《ぎゃくさつ》だった。

戦時と平時の落差

ゲルマン人を撃退したマリウスは英雄として讃えられ、ロムルス、カミルスに次ぐ、第三の建国者として崇《あが》められた。前一〇〇年には、六度目の執政官に選出される。この時、マリウスは栄光の絶頂にあった。作家プルタルコスが語るように、この頃にマリウスが世《よ》を去っていたら、彼の生涯は輝かしいものだったに違いない。

ところが、戦時が終わると、新しい問題が生じる。それは軍制改革にともなうものだ。長く戦場にあったマリウスは、従軍した古参兵に土地を分配する必要があった。志願兵でもあり傭兵でもある土地を持たない無産市民は、いつのまにかマリウス配下の私兵のようになっていたのだ。彼らはもはや国家のための戦士ではなく、有力な武将のための兵士であった。

戦術家としてすぐれた人物が、政治家としても有能であるわけではない。マリウスは、物事が長期にわたってどのような効果をもたらすのか、それを見極《みきわ》める点では凡庸だったのかもしれない。

土地分配法案を提出しようとしても、反対の声が広がれば、武力によって威嚇《いかく》せざるをえない場合もある。だが、そのような強硬策に訴えれば、政治家として信用を失うことにもなりかねない。やがて孤立を深め、前九七年、東方での誓約を果たすことを口実《こうじつ》にして、都を離れる。

この時期のマリウスについて、口さがない伝承がある。マリウスは生まれつき平時に向かず、政治にも疎《うと》い。戦場でこそ武勲を獲得して勢力を増したが、平和になると無為《むい》になる。自分の権力や名声が萎《しぼ》むのに耐えられず、新しいきっかけを画策していた。その頃、東方地域を動揺させていた、小アジアのポントス王国ミトリダテス六世を挑発すれば、軍団はローマに向かうだろう。マリウスはそれを期待していたのではないか——。

しかし、この時点では、ミトリダテス軍の侵攻は起こらなかった。

晩年の妄執《もうしゅう》

数年後、帰国した時にはもはや、軍人としてのスッラのずばぬけた人気にはおよぶべくもなかった。マリウスの怒りと嫉妬は燃え上がる。しかし、この頃勃発した同盟市《どうめいし》戦争のために、両者の対立は表面化することはなかった。

この戦争は、イタリア人が団結してローマ市民権を求めた内乱である。同盟市とは、ローマに従属している都市のことで、同盟市民は兵役義務がありながら、ローマ市民権を持てなかった。ローマ市民権保持者でなければ、土地の再分配や免税特権に与《あずか》れないので、不満が爆発したのだ。

マリウスも指揮官の一人として内乱の鎮圧に乗り出す。やがて、元老院は譲歩し、前八八年、イタリア半島に住む自由人のすべてに、ローマ市民権が付与された。

このイタリア半島の内乱につけこみ、ポントス王国ミトリダテス六世が不穏な動きを見せ始める。属州内のローマ人やイタリア人を皆殺《みなごろ》しにしろと命じ、八万人ものイタリア人が虐殺された。

ローマでは、ミトリダテス討伐軍の指揮権をめぐる争いが浮上する。いったんは保守派貴族の信頼が厚いスッラに指揮権が委任された。この時スッラを推《お》した人々は、老齢でリユウマチを患《わずら》っていたマリウスに、ナポリ近郊ミセヌムの豪華な別荘で療養することを勧《すす》めたという。その別荘は、かのローマ女性の鑑《かがみ》であるコルネリアが晩年を過ごした邸宅であったと伝えられている。

だが、マリウスは並々《なみなみ》ならぬ名誉心と闘争心を持つ男だった。スッラへの反感がめらめらと燃え盛《さか》る。そして護民官と手を結び、ミトリダテス討伐軍の指揮権をみずからの手に収めようとはかった。

だが、同盟市戦争の戦後処理にあたっていたスッラは、思いがけない行動に出る。事《こと》もあろうに、ローマ進軍を開始したのである。これは前例のない大博打《おおばくち》であった。ローマ人にとって、市内は聖なる区域であり、あらゆる軍事行動は都の周壁の外で行なってきたからだ。

この奇襲に、簡単にローマは制圧された。マリウスは命からがら逃亡するほかはなかった。しかし、スッラがミトリダテス討伐軍を率いて東征に出ると、ローマ政界の有力者キンナと共に、マリウスも帰国する。

復権したマリウスは、政敵の弾圧と虐殺に燃える。その無慈悲な姿は、正気《しょうき》の沙汰《さた》ではなかった。たとえば、マリウスにすれ違った人物が挨拶《あいさつ》した時、マリウスが返礼しない素振《そぶ》りをしただけで、取り巻き連中はその場でその人物を殺害したという。

しかし、老齢のマリウスの身体はもはや病魔に冒《おか》されていた。人々から恐れられ嫌われた為政者《いせいしゃ》は、呪《のろ》われたかのように息を引き取った。のちに帰国したスッラは、マリウスの遺灰をローマ近郊の川に投げ捨てさせたという。

確かに、マリウスはローマ軍がかつての力を失いつつあった時、軍制改革で立て直した。迫りくるゲルマン民族などの脅威をしりぞけた救国の英雄であろう。だが、その功績にともなう名誉が薄れていくことに、心を奪われすぎたのではないだろうか。

民衆派の領袖《りょうしゅう》でありながら、ことさら政敵を憎み、残忍さを増していった。寛容さを旨としてきたローマ共和政国家のなかで、血で血を洗う内乱の悲劇が繰り返された。晩年のマリウスは、ローマ市民にとって大きな衝撃であったに違いない。

スッラ——「幸運な男」を自称した冷徹な政治家

ルキウス・コルネリウス・スッラ・フェリクス（前一三八〜同七八年）

伊達男《だておとこ》

スッラ（写真10）はマリウスよりも二〇歳ほど若いが、平民出身のマリウスと異なり、貴族の出身である。とはいえ、落ちぶれた貧乏貴族であり、若い頃はろくに宿代も払えないほどだったという。のちに実力を蓄《たくわ》え、裕福になったせいか、およそ高潔さからほど遠かった。

この男には、どこか不可解な雰囲気がただよっている。生まれつき冗談好きだったというから、どこまでが本気なのか、他人はとまどうことがあったかもしれない。

「まだ若くて世《よ》に知られていない時には、役者や道化者《どうけもの》と道楽仲間としてつきあい、すべての人の首長となってからは、舞台や劇場からもっともあつかましい連中を集めて、毎日酒を飲んでは冗談を言いあい、また年甲斐《としがい》もなくふるまうようなさまを呈《てい》し、地位の尊厳を損《そこ》なったうえに、配慮を要する多くのことをなおざりにするという始末であったといわれるのである」(プルタルコス「スッラ伝」『英雄伝』)

それでも、仕事になれば勤勉であり、時には無愛想《ぶあいそう》なくらいだったという。思うに、彼は物事に徹《てっ》するタイプであり、よく学びよく遊ぶことのできる資質だったのだろう。

また、金髪をなびかせ、あざやかな青い目をした長身の男だったというから、笑顔を見せれば、心をときめかせる女性も少なくなかったに違いない。資産家の娼婦と長くつきあい、継母《ままはは》には実の息子のように愛されたという。

スッラはマリウスのアフリカ遠征に従軍し、敵のヌミディア王を捕《と》らえるという大手柄を立てた。おかげで軍団を率いるマリウスよりも目立ってしまい、かえってマリウスの妬《ねた》みをかうことになる。それでも、マリウスのゲルマン遠征に参加し、やがて二人は反目し、スッラは軍団を離れた。

イタリア諸都市が反乱した同盟市戦争の時、老齢のマリウスは用心深くのらくらしていたが、颯爽と行動し、てきぱきと決断するスッラは際立《きわだ》っていた。そして、幾度となく危機にさらされたが、いずれも救われている。

それを自分の力量とは言わず、運よく勝てたと語るところが、この男のおもしろいところである。そのせいで、自分のあだ名を「フェリクス（幸運な男）」とつけたくらいだ。みずからの才覚のせいにするのは、その人物の器量がまだ小さいと言わんばかりだった。より超自然的な力に加護されていると思い込む――それも、歴史のなかで傑出する人物の力量なのかもしれない。

継母が逝《い》き、つきあっていた資産家の娼婦も亡くなった。この二人からスッラはかなりの遺産を相続している。

写真10 スッラ

スッラ像（グリュプトテーク蔵）

また、彼はそれまで三人の妻と結婚していたが、三番目の妻と離婚した数日後には、未亡人になったカエキリア・メテラと結婚している。いわくありげな結婚とはいえ、彼女のことはあれこれと大事にしたらしい。そのせいか、この一族の支援を受けることもできた。

ちなみに、このメテラの墓（写真11）はローマ郊外のアッピア街道沿いにある。私人の墓としては壮大であることから、その富豪ぶりが偲《しの》ばれる。このようにして、富《とみ》にも人脈にも恵まれ、まさに幸運児にふさわしい道を歩む。

逆境での強さ

前八八年、スッラは執政官に選出される。五〇歳の時だから、遅すぎるくらいだ。スッラは武将としての信頼も厚く、ミトリダテス討伐の東方遠征軍を統率することになる。ところが、ここで横槍《よこやり》が入る。嫉妬深いマリウスは、その統率権を奪おうと画策し、暴徒を動かして法案を通してしまう。

大混乱のなか、暴徒が押し寄せることのない安全なところはただひとつしかない。それはマリウスの家のなかであり、ここでもスッラは難《なん》を逃れた。マリウスはそれを黙認したというが、スッラを捕《と》らえなかったことは、のちに仇《あだ》となる。この窮地から、スッラはやっとのことで、自分の陣営までたどりついたという。

都ローマでは、スッラの友人たちがマリウス派の手で殺され、財産を没収されていた。だが、スッラと共に同盟市戦争を戦った兵士たちは、統率力のあるボスに忠実だった。復

写真11 メテラの墓

円筒形部分は直径 29.5 m、高さ 12 m。その上に高さ 8.3 mの正方形の祭壇があった

讐の念に燃えるスッラは、マリウス一派に牛耳《ぎゅうじ》られたローマに進軍を開始する。

ローマの民衆は屋根から瓦《かわら》や石を投げて抵抗したが、スッラの軍団は情け容赦なかった。圧倒的な武力によるローマの制圧はたやすく、マリウス一派は敗走した。

しかし、ローマ軍がローマを征服するという前代未聞の事態に、世論の反発も激しさを増すばかりだった。混迷を避けるかのように、スッラはローマを離れ、ミトリダテス討伐に出発する。途中、どちらに味方するか態度をはっきりさせないギリシア諸都市に翻弄《ほんろう》され、時には敵の数に圧倒され、窮地におちいることもあった。

ある時など、退却しようとする兵士たちに「私はこの地で戦い、命を落とす栄誉を受け入れる。おまえたちはどこで司令官を置き去りにしたかとたずねられた時のために、この場所を覚えておけ」と叫んだ。その雄々《おお》しい声を聞いて、兵士たちはふたたび戦列に復帰したという。

やがて、アテナイ占領に続き、ミトリダテスの駆逐に成功する。だが、その間にスッラの立場はあやふやなものになっていた。執政官の指揮権も期限切れとなり、ローマから別の正規軍が派遣されたのである。それでも、スッラ軍にとって、ギリシアと小アジアの地域は目を離せない。

その頃ローマでは、マリウスが帰還して執政官キンナと手を結んで、内乱が再燃していた。争いは激しさを増し、勢いづくマリウス派はスッラ派を相次いで殺戮した。スッラの妻メテラは子どもと共にローマを逃れ、家屋敷が焼失したことを夫に告げた。

このため、敵将ミトリダテスとかりそめの和平を成立させる。ミトリダテスはすべての占領地を放棄し、多額の賠償金を支払うことを約束した。だが、これまで数十万のローマ人がミトリダテス軍の剣で虐殺されていたから、ローマ軍兵士は不満であった。ミトリダテス王自身も許され、王国も存続するのでは、兵士たちの腹の虫は治まらず、不満がくすぶる。

だが、ここがスッラの器《うつわ》の大きさである。権威にもとづいて行動し、「派遣されたローマ正規軍とミトリダテス軍が連合すれば、わが軍は太刀打《たちう》ちできないであろう」と兵士たちに述べた。また、忠誠心の厚い集団や個人には報酬を与え、裏切り者は容赦なく処罰した。さらに、正規軍の陣営に向かうと、スッラ軍に加わることを呼びかけた。すると、多くの兵士たちが脱走し、スッラ軍に加わった。

その頃、平民派の領袖であるマリウスもキンナも没した。実権は頑固《がんこ》なマリウスの息子に移ったが、話しあいで解決する雰囲気ではなかった。スッラはローマへの帰還を決意する。

前八三年、スッラはアッピア街道終点の港町ブリンディジに着くと、数人の貴族たちが出迎えた。そのなかに、のちに頭角を現わすクラッススやポンペイウス（大ポンペイウス）がいた。ローマに到着すれば政敵の軍勢と戦うことになるが、兵士の大半を東方の地に残しており、スッラ軍は数では劣勢だった。

しかし、軍人としてのスッラはただものではなかった。時には狡猾《こうかつ》に、時には残忍に戦った。敵将の一人は「スッラの心にひそむ狐《きつね》と獅子《しし》とを相手に戦ったが、狐のせいでより多くの苦しみを受けた」と嘆《なげ》いている。

激しい戦いが各地で繰り返され、最後の決戦の時、白馬に乗ったスッラに敵兵二人が気づき、槍を構えて突き殺そうとした。従者は気配を感じると、白馬に鞭《むち》を入れる。スッラは間一髪《かんいっぱつ》駆け抜け、槍は馬尾《ばび》をかすめて地に刺さったという。「幸運児ふたたび」の思いが、スッラの脳裏をよぎっただろう。

権力を得てから

だが、スッラは権力掌握に執念を燃やす。大がかりな粛清《しゅくせい》がなされ、おびただしい流血が都を覆《おお》った。処刑すべき人々を公表し、彼らを匿《かくま》った者は親兄弟配偶者といえども、死刑にすると定めた。おぞましい虐殺だった。マリウスは最初から狂暴だったが、若い頃に節度を示していたスッラの変貌ぶりに、ローマ人は肝《きも》をつぶした。まるで大権力の掌握が人の心を狂わせるかのようだった。

そして非常事態における独裁官となり、恐怖政治がまかりとおった。スッラにとって何よりも大事なことは、ローマの政治をグラックス兄弟以前の状態に戻すことだった。それには、まず元老院を中心に安定した体制を復活させなければならない。元老院議員の定数を三〇〇人から六〇〇人に倍増させ、さまざまな役職も増員した。逆に、平民派のよりどころであった護民官の権限は縮小した。

スッラは往古《おうこ》の伝統政治の復活を標榜しながら、その方法は制度を逸脱《いつだつ》し、きわめて革新的であった。だからこそ、彼個人は専制権力を望んでいないことを示さなければならなかった。その意志が強かったのか、鋳貨《ちゅうか》に自分の姿を刻ませていない。そして、独裁官を三年間続けると、前八〇年には辞職する。

やがて政界からも引退し、あだ名のように幸運に恵まれ、復讐の刃《やいば》に命を狙われることもなく、天寿を全《まっと》うした。しかし、その最期《さいご》は全身が腐《くさ》っておびただしい虱《しらみ》がたかる病《やまい》に倒れて死んだらしい。彼の墓には、彼自身が記した碑銘《ひめい》が刻まれたという。その要旨は次のようなものだった。

「恩恵をほどこすことでいかなる友も彼を抜く者はなく、害することでいかなる敵も彼を抜く者はなかった」(プルタルコス「スッラ伝」『英雄伝』)

政治が「味方か敵か」をめぐる駆け引きであるというなら、スッラほど政治家であった人物はそうはいないだろう。味方からすれば頼もしい人物であり、敵に回せば恐ろしい人物だった。スッラは権力掌握者となって変貌したのではなく本性を現わした、と言えるのではないか。

確かに、スッラが目指したのは共和政の復興であり、個人の権力の追求ではなかったかもしれない。しかし、私兵を集め、武力による現状打破を強行したことは、その後の政治権力の在《あ》り方に、はかりしれない影響をおよぼすことになる。才覚のある野望家ならば、国家権力をも奪取することができるという手本になったのだ。

「スッラにできたのだから、私にもできないはずがない」というラテン語の言い回しがある。共和政破壊者としてのスッラの真髄をつく皮肉であるが、現実には誰にもできることではなかった。休息の時間には冗談ばかり言ってふざけていたというスッラの表情の裏には、冷徹なまなざしがひそんでいたに違いない。

III
転換期

転換期のローマ

前一世紀になると、ローマ世界は、第一人者の地位を目指す実力者たちが相争《あいあらそ》う混迷の時代を迎える。彼ら実力者たちは、軍隊および属州土着民の武力をまとめあげて勢力をなした。加えて、保守本流の元老院支配を維持しようとする勢力がからみ、ローマの政局はますます複雑をきわめた。

同世紀半ばには、大富豪**クラッスス**、大武将**大ポンペイウス**、大政治家**カエサル**らが相次いで登場、共和政国家の骨組みが大きく揺さぶられた。前六〇年、元老院の意向よりも三者の合意に重きを置く三頭政治《さんとうせいじ》がはかられ、三者それぞれの権益が分けられた。カエサルはガリア遠征を果たし、征服地を拡大して、声望を高める。

それを恐れた元老院貴族はポンペイウスを担《かつ》ぎ出し、共和政の成否《せいひ》をめぐるカエサル派とポンペイウス派の覇権争いは内乱に至り、カエサルが勝利して国政の改革に着手した。それは反対派にとって、まさに共和政の破壊であり、カエサルは暗殺された。

カエサル以後、共和政派は排撃され、カエサルの側近だった**アントニウス**とカエサルの血に連《つら》なるオクタウィアヌスとの覇権争いとなった。東地中海に拠点を置くアントニウスはエジプトのクレオパトラと結んだが、勢力を広げるオクタウィアヌスに前三一年に滅ぼされた。オクタウィアヌスは単独の支配者となり、彼には**アウグストゥス**の称号が与えられた。

地中海世界に大いなる覇権を築きながらも、この一〇〇年にわたってローマは同胞の血で血を洗う内乱に苦悶《くもん》していた。だが、今や万人《ばんにん》をしのぐ権威による元首の支配体制（元首政）が成立したのである。

クラッスス——すべてを手に入れた者が欲《ほっ》したもの

マルクス・リキニウス・クラッスス（前一一五頃〜同五三年）

金《かね》に汚《きたな》い男

前八七年、マリウスがローマに戻って政敵の粛清が始まった頃、名門貴族のリキニウス・クラッススは、二十代後半の青年だった。粛清の嵐のなかで父と兄を失い、クラッススはヒスパニアに逃れる。そこで一族の子分たちを中核として私兵の軍隊を組織し、マリウス派打倒に立ち上がったスッラのもとに加わった。これらの戦いのなかで、クラッススはそれなりの活躍を見せたという。

クラッススは、その高貴な家柄にふさわしい教育を受けている。だが、知を好む資質に恵まれなかったようで、文芸の嗜《たしな》みも、軍人としての才覚も取り立てて言うほどのものはなかった。だが、何もかも手に入れて傑出した人物になるために必要な条件——誰よりも骨身《ほねみ》を惜しまず辛抱《しんぼう》強い——は備えていた。

生まれつき強欲《ごうよく》なところがあったのだろう。何よりも投機に精を出している。めまぐるしく揺れ動く時代だったので、土地を買い漁《あさ》って財産の柱を築いた。営利活動にも熱心で、大規模な建築事業に着手しても、手堅《てがた》くふるまったという。

当時、高貴な家柄の者は表立《おもてだ》って商業交易にたずさわることは禁止されていた。だが、クラッススはそんなことにひるむ男ではない。好機到来とあれば、自分の解放奴隷と共同して経営したり、代理人の手で銀行業を営《いとな》んだりもした。元老院の同僚たちに金を貸し、その費用で仕事を成し遂げることもあった。もうけるためには選《え》り好《この》みなどしなかったから、裁判にたずさわる役人を買収することまでした。書類を偽造することすら、厭《いと》わなかったという。

スッラが粛清を始めると、その処刑者名簿に、ある資産家の名前を追加させるなど、その他人の財産狙いの手口は汚かった。スッラは政敵には情け容赦ない男だったが、個人としての権勢には潔《いさぎよ》さがあった。スッラの信頼は失われつつあったが、クラッススの莫大な資産の大部分は、この粛清と財産没収時に獲得されたものだった。

とにかく資産を増やすことには、目がなかった。荒廃した家屋や農地はもちろん、火炎に燃える家屋すら購入した。それらを奴隷の職人たちに修復させ、借家にして収入を得る。さらに、これらの職人をも貸し出したり、売却したりもした。ひところローマ市街の大半がクラッススの持ち家であったとさえ言われている。

これらの多くが、スッラ体制下の出来事だった。やがてクラッススは、国務においてスッラに使われなくなっている。冷徹であり潔さもあるスッラは、ほとほとクラッススという男に嫌気《いやけ》がさしたらしい。とはいえ、クラッススは刑事事件に関わることでは、司法当局とまともに渡りあうことは避けていた。資産家であっただけであり、平凡で質素に暮らすことに慣れていたのだ。

クラッススは、金銭だけに執心《しゅうしん》したわけではない。政治活動には多額の資金が必要だったので、金貸しとしても暗躍した。さまざまな政治家とつながり、支援者としての見返りを期待できた。

クラッススは平民にも人気があった。挨拶を交わし、気さくで親しみやすかったという。小さな援助をも厭わず、ささいな訴訟にも弁護士役を引き受けている。単なる欲ばりというだけでなく、したたかな慈善家でもあった。

ライバル登場

このようにして勢力を広げていたクラッススの前に、ポンペイウスという名の武勲者が登場する。すでにスッラの政権下でも、父から引き継いだ私兵を率いて武勲を重ねていた。二五歳で凱旋式を許され、「マグヌス（偉大なる）」という、あだ名さえ与えられていた。

各地で反スッラ派が蜂起《ほうき》した時、ポンペイウスは鎮圧にあたった。前七三年、イベリア半島でローマ軍を手こずらせていたセルトリウス反乱軍を打ち破る。これらの武勲を重ねる一〇歳ほど下のポンペイウスに対して、クラッススは不安と嫉妬の念にさいなまれるのである。

その頃、クラッススは、剣闘士《けんとうし》（写真12）スパルタクスの率いる奴隷反乱軍の鎮圧にあたっていた。なんとしても、この戦いに決着をつけなければならない。イベリア半島から帰還するポンペイウス軍もスパルタクス軍の鎮圧にあたり、イタリア半島を南下していたのである。

クラッススはスパルタクスを追い詰め、やがて奴隷反乱軍はクラッスス軍をめがけて突進してきた。だが、鎮圧に本腰を入れてきたローマ軍の前に、奴隷反乱軍はもはや敵ではなかった。ローマ軍の圧勝に終わり、六〇〇〇人の捕虜が磔《はりつけ》の刑にされた。カプアからローマに至るアッピア街道に沿って、六〇〇〇本の十字架が並べられたという。

遅れてやって来たポンペイウスは、北部に逃れた奴隷敗残兵を討ち滅ぼす。だが、この男もしたたかだった。「奴隷反乱軍を破ったのは確かにクラッススだが、反乱を鎮圧したのは自分だ」と、元老院で報告したのである。この厚顔《こうがん》な名誉要求に、クラッススが憤慨《ふんがい》したのは言うまでもない。この出来事はのちのちまで、両者の間にしこりを残すことになる。

三頭政治

だが、クラッススもポンペイウスも、おたがいの敵意を露《あらわ》にすることはなかった。政略上の思惑から対立するよりも、相手を利用するほうがいいと思っていたのだろう。前七〇年、クラッススとポンペイウスは共に執政官に就任する。それでも、共闘するにはわだかまりがあり、スッラが削減した護民官職権を回復するために協力したにすぎない。

奇妙なことがある。強欲で名を馳《は》せたわりに、クラッススを誹謗中傷《ひぼうちゅうしょう》する人はほとんどいないのである。これは、ローマの政界では異例のことだった。クラッスス自身が表立って活動するのではなく、裏で工作するタイプだったからかもしれない。ストーカーまがいに巫女《みこ》につきまとい、財産を手に入れようとした時でも、あの欲張りがやることならし

写真12 剣闘士

トラキア剣闘士の対戦を描いたモザイク画（ローマ会館博物館蔵）

かたないと言われるのだから、おもしろい。

また、きわめて信心深い人物であり、莫大な資産の一割をヘラクレス神に奉納するほどだった。さらに、大富豪でありながら、私生活にあっても醜聞《しゅうぶん》らしきことはまったくなかった。夫婦仲もむつまじく、親孝行の息子にも恵まれている。娯楽も贅沢ではなく、それでいて上品な趣味として楽しめるものであったという。

クラッススほど、政界で睨《にら》みの利《き》く人物はいなかった。ある時、クラッススに陰謀加担の嫌疑をいだいた元老院議員が、彼を非難した。ただちに、議員は罵声《ばせい》を浴びせられたばかりか、数日後には不可解な死を遂げたほどだった。

このようなクラッススの元老院における影響力と資産は、ほかの実力者にも無視できないものだった。実際、目をかけた政治家は少なくない。とりわけ、カエサルという名の有望な男には、人並みならない肩入れをしたようだ。巨額の借金をかかえたカエサルの保証人になり、大立者《おおだてもの》ぶりを示している。このおかげでカエサルは最初の公職を得て、ヒスパニアにおもむいた。

ポンペイウスに対抗しようとするクラッススにとって、台頭《たいとう》するカエサルの勢力は頼りがいのあるものになる。犬猿の仲にあるポンペイウスとの間に入って仲介したのはカエサルである。これらの三人の誰もが不利益を被《こうむ》ることがないように、元老院に隠れて国政を運営することを申し合わせたのだ。世《よ》に言う、三頭政治である。

このひそかな申し合わせのなか、クラッススは元老院貴族に次ぐ騎士身分（図表3）の後ろ盾になることをもくろんでいたらしい。この身分の者には徴税請負人になる者が多く、そこから多額の利益を期待することができたのだ。前五九年、執政官となったカエサルの助力で法案が通過し、徴税請負人の負担が減額された。

図表3　ローマ帝国の身分

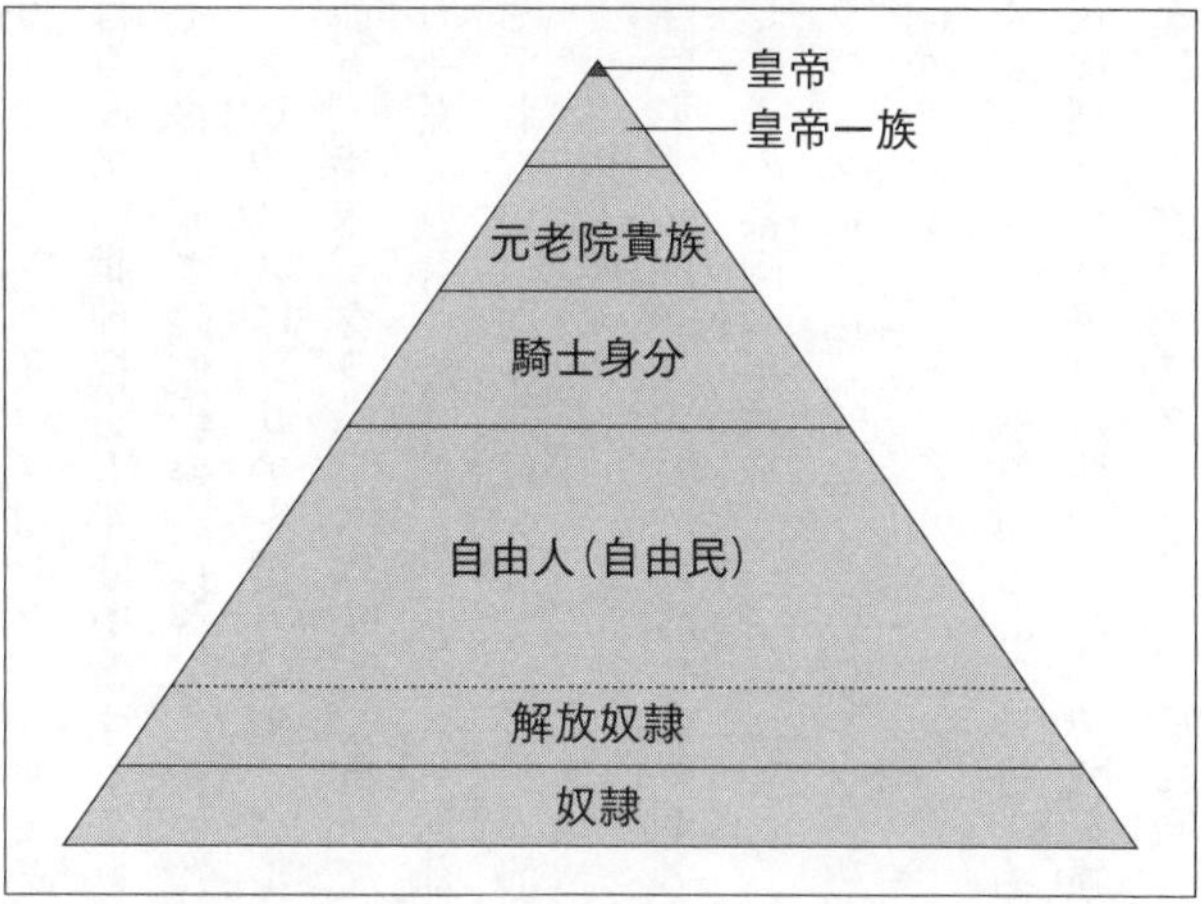

壮絶な最期

ところで、巨万の富《とみ》を持ちながら、クラッススには手に入らないものがあった。

セルトリウス勢も海賊もミトリダテス王も制圧して、偉大なる武将の名を挙げていたポンペイウス。アルプスを越えたガリア遠征で着々と戦勝を重ねつつあったカエサル。二人に比べ、クラッススには武勲がなかった。その引け目があるかぎり、彼はどこかに遠征してそこを征服しなければならない。

そのような思いに駆られながら、クラッススは前五六年、イタリア北西部のルッカで、ポンペイウスとカエサルと会談する。三者が合意したのは、翌年の執政官にクラッススとポンペイウスが就任すること、クラッススはシリアで、ポンペイウスはヒスパニアでそれぞれ五年間の指揮権を行使すること、カエサルはガリアの指揮権を五年間更新することだった。

その後、元老院保守派の抵抗をしりぞけて、クラッススとポンペイウスは執政官になり、クラッススはシリアを拠点にしてパルティア王国の征服戦争を宣言する。

前五五年末、クラッススは東方に向けて出発したが、途中の小アジアの諸都市では、かなり手荒く強奪を繰り返したという。遠征費用調達のためとはいえ、貪欲《どんよく》な性分《しょうぶん》のせいかもしれない。翌年にはシリアに陣営を設け、さらに翌年の四月、七個軍団を率いてユーフラテス川を越えた。

目指すはセレウコス朝の首都セレウキアだったが、砂漠のなかで道に迷ってしまう。アラビア人の案内人が道を誤《あやま》ったというが、狡猾な原住民が意図して行なったに違いない。クラッスス軍は灼熱《しゃくねつ》と渇《かわ》きに苦しみながらも、カラエの平原に陣取るパルティア軍に立ち向かった。

だが、パルティア騎兵はうしろ向きでも弓を射る機動力を持っていた。ローマ軍は自由自在なパルティア軍に翻弄され、苦戦を強《し》いられる。ローマ騎兵軍は敵軍に囲まれ、そのなかにいたクラッススの息子は勇敢に戦いながらも殺されてしまう。

この悲痛な事態にあって、クラッススの華々しい美点が現われる。

「ローマ軍兵士よ、この悲しみは父親たる私個人のものである。大事《だいじ》を望む者には苦しみが待ち受けるものだ。……ローマ国家が今ある覇権を達成したのは、幸運によるものではなく、危険に向かって突き進んだ人々の忍耐と勇気によるのだ」と格調高く叫んで、はげましたのだ。

しかしながら、あまりにも悲惨な敗戦であったために、意気消沈した兵士たちの心は奮い立たなかった。ほどなく丘の上に退却したが、パルティア側から休戦の交渉が提案される。それが罠《わな》だと気づきながら、クラッススはまわりの兵士たちに脅《おど》かされるかのようにうながされて、しぶしぶ交渉の舞台に出た。

クラッススは兵士たちとの別れ際《ぎわ》に、「諸君たちが無事に助かったならば、クラッススが滅んだのは敵に欺《あざむ》かれたからであって、ローマ市民に裏切られたからではない、と人々に伝えてくれ」と言い残している。

休戦交渉の舞台演出がなされるなか、まもなく乱闘が始まり、クラッススは戦って殺害された。折り返し、パルティア軍はローマ軍陣営に進撃し、ローマ兵二万人を敗死させた。

ところで、切り取られたクラッススの頭はパルティア王の前に届けられ、演劇の小道具として使われたという。何よりも武勲を望んだ、ローマ国家の最重鎮《さいじゆうちん》にしては、あまりにも不名誉な最期であっただろう。

「クラッススは生きたまま降伏もせず、縛《しば》られもせず、辱《はずかし》められもしなかった。味方の兵士たちに懇願され、敵に欺かれて最期を遂げたのである。敗将に違いないが、武人としては非難するべきではない」と作家プルタルコスは語る。この言葉は、武勲を望んでいたクラッススにはせめてものなぐさめに違いない。

大ポンペイウス——カエサルに敗れた大武将

グナエウス・ポンペイウス・マグヌス（前一〇六〜同四八年）

みずから、スッラの配下に

ローマ人は何よりも軍人でなければならない。だから、のちに名だたる武将になる大ポンペイウスも、高名な雄弁家になるキケロも、十代後半の同じ頃に初陣を飾っている。二人共に、同盟市戦争で、ローマ軍を率いた執政官ポンペイウス・ストラボーの配下にいた。

このポンペイウス・ストラボーこそ、大ポンペイウスの父である。父ポンペイウスは、マリウス派と反マリウス派の対立抗争が激しくなる時期に、揺れ動きながら曖昧《あいまい》な立場でいた。同時代人からは「卑劣な男」と陰口をたたかれていたらしい。

父の病死後、ポンペイウスは戦利品処理をめぐって訴えられている。しかし、事《こと》もあろうに裁判に関わる法務官の娘と婚約し、無罪判決が下されたという。ポンペイウスは、晩年の彫像からは想像しがたいが、端整な容姿の青年だったようで、かなり人気があったらしい。

前八七年、マリウス派とスッラ派との衝突が起こり、そこに駆けつけたポンペイウスはすぐに姿を消してしまう。そのせいで、ポンペイウスは政敵から暗殺されたという噂が流れた。実際には、イタリア東部にある父祖伝来の地所に隠れ住んでいたのだが。

前八三年、スッラがローマに帰還したのは、ポンペイウスにとって絶好の機会だった。自分の勢力下にある地域をスッラに差し出し、みずから三個軍団を招集して編制し、スッラ派を支援した。この頃、義父が殺害されたのも、おそらくマリウス派のさしがねによるものだろう。

スッラ体制のもと、ポンペイウスはシチリアの属州総督《そうとく》に派遣された。スッラにしてみれば政敵を討伐するためでもあったが、ポンペイウスはすみやかに職務を果たした。公開裁判後、政敵の指導者は処刑したが、ポンペイウスは兵士たちに略奪を禁じ、穏健に対処した。

やがて、北アフリカに渡り、マリウス派の残党を打ち破る。だが、この戦勝はしりぞけた相手が同じローマ市民であったので、望み通り凱旋式を挙げることが許可されるわけではなかった。

その後、各地で反スッラ派が蜂起した時にも、鎮圧にあたった。このような功績が重なり、前八一年、ポンペイウスは弱冠《じゃっかん》二五歳で凱旋式を挙行する。さらに、ポンペイウスは彼の能力を認めるスッラによって離婚を迫られ、親族の娘と結婚させられることになる。

しかしながら、実力者にはありがちなことだが、ポンペイウスはスッラに警戒されるようになる。スッラの遺言状《ゆいごんじょう》からは、ポンペイウスの名が削除されたという。

スッラの死後、ポンペイウスはヒスパニアに派遣され、反ローマのセルトリウス反乱軍と戦うことになる。セルトリウスは長年《ながねん》属州総督としてふるまい、原住民を結集し、ゲリラ戦法を繰り返していた。この反乱軍の鎮圧にローマ軍は手こずっていたので、反乱軍の内紛に助けられたとはいえ、ポンペイウスの勝利は快挙であった。久しぶりにイベリア半島における支配権が回復したのである。

抜群の武勲

巨万の富《とみ》を築き、ローマ政界に幅を利《き》かせていたクラッススにとって、ポンペイウスは彗星《すいせい》のごとく登場した一〇歳ほど年下の武将だった。ポンペイウスに不安と嫉妬の念をいだくクラッススは、その頃剣闘士スパルタクスの率いる奴隷反乱軍の鎮圧にあたっていた。やがてクラッススはスパルタクスを追い詰め、奴隷反乱軍を撃破する。

そこにイベリア半島から帰還したポンペイウスが現われ、北部に逃れた敗残兵を討ち滅ぼす。ポンペイウスは、元老院で自分の手柄であるかのように報告したため、クラッススは憤慨した。

前七〇年、ポンペイウスはクラッススと共に執政官に就任する。険悪《けんあく》な二人だったが、どちらも敵意を露《あらわ》にしない賢さを持っていた。少なくとも、スッラが削減した護民官職権を回復するために協力しなければならない。

執政官になったポンペイウスは、海賊《かいぞく》征伐に乗り出す。この頃、地中海東部は混乱しており、行き場のない連中が徘徊《はいかい》していた。これらの荒くれ者たちが海賊となって横行したのである。そもそもローマは海軍力が弱く、沿岸の都市は略奪されるばかりだった。ローマに穀物を運ぶ輸送船すら襲われる始末で、内陸部まで侵略、イタリア半島に迫る勢いだった。

それでも、元老院はポンペイウスに大きな指揮権を与えることに慎重だった。独裁者が出てくることはなんとしても防がねばならない。しかし、海賊の脅威が高まれば、民衆は武将としてのポンペイウスに期待する。前六七年、ようやく指揮権が与えられ、ポンペイウス軍は出帆《しゅっぱん》した。

ポンペイウスは地中海をいくつかの区域に分け、それぞれに指揮官を配した。この作戦は功《こう》を奏《そう》し、わずか四〇日足らずで海賊を追い詰めることに成功する。もともと海賊はアナトリア半島南部のキリキアを拠点としていた。そこに海賊を封じこめ、ほどなく砦《とりで》を攻略した。二万人が捕虜となり、九〇隻の船が捕獲され、ポンペイウスは金銀財宝の山を手に入れたのである。

海賊を討伐したポンペイウスが次に狙うのは、ローマを脅《おびや》かすミトリダテスの勢力をたたきつぶすことだった。そのために、東方諸属州における軍事指揮権と条約締結権を含む全権が委託される。しかも、無期限であったから、もはや共和政の統治原則は風前の灯《ともしび》だった。

武将としてのポンペイウスの力量はいささかも揺《ゆ》るぐことはなく、ここでもすばやく勝利を収める。そして、その個人としての権威にもとづき、東方諸地域への植民を繰り広げ、そのおかげで国庫収入は三倍にもなった。

それと共に、ポンペイウスは巨万の富《とみ》を手に入れ、今や大富豪クラッススの資産をもしのぐほどだったという。さらに、これらの地域の豪族たちを配下に従える保護者でもあり、その姿はもはやアレクサンドロス大王にもなぞらえられるような専制君主のごときものだった。「マグヌス（偉大なる者）」というあだ名を与えられてもおかしくなかった。

しかし、ポンペイウスもやはり共和政貴族の一人にすぎない。彼は戦後処理後、軍隊を解散してローマに帰国し、凱旋式の挙行に備えた。

軍隊を手離したとはいえ、ポンペイウスの権威と影響力は、元老院の閥族派にとって大きな不安だった。元老院は、ポンペイウスによる退役兵に土地を分配する法案と東方処理の批准《ひじゅん》を拒絶するのだった。この元老院の冷たい仕打ちは、ポンペイウスを苦境に追いやる。

三頭政治の破綻《はたん》

その頃、凱旋式を断念させられ、野望を砕かれていたのがカエサルである。ひときわ政略に長《た》けたこの男は、ローマ政界の大物二人、ポンペイウスとクラッススを引き込み、反閥族派の共闘路線を画策する。二人の仲はけっして良くはなかったが、同じ悩みをかかえていた。閥族派の妨害で思惑通りに事《こと》が運ばなかったのである。

三人の間で密約が結ばれると、前五九年の執政官にカエサルが選出される。三頭政治の始まりである。権力も人脈も資金も結びつき、三人の共闘はすさまじい威力を持った。

クラッススは投資で稼《かせ》ぎ、ポンペイウスは戦利品でもうけており、どちらもローマ最大の富豪だったのだ。また、執政官となったカエサルのおかげで、ポンペイウスは自分の退役兵に土地を分配する法案と東方処理を承認する法案を成立させることができた。

さらに、やもめ暮らしだったポンペイウスは、カエサルの娘ユリアと再婚する。この夫婦仲は歳《とし》の差にもかかわらず、大変良好で、軍人としての誉《ほま》れ高いポンペイウスが遠征をいやがると噂されるほどだった。ユリアの存在はポンペイウスとカエサルとの結びつきにとって、重大な意味を持っていた。

前五六年、ポンペイウスはカエサルとクラッススとイタリア北西部のルッカで会談し、三人の協力関係を確認しあう。翌年の執政官に、ポンペイウスはクラッススと共に就任することになった。

前五四年、ポンペイウスがこよなく愛した若妻ユリアが産褥熱《さんじよくねつ》で命を落とした。それはカエサルとの絆の喪失を意味し、二人の間に暗雲が立ち込める。やがて、ポンペイウスは再婚。クラッススはパルティア戦線で戦死した。もはや有力者三人が共闘する三頭政治は名実《めいじつ》共に崩壊していた。ポンペイウスは共和政擁護の元老院保守派に担ぎ出され、反カエサル派の中心人物に祭り上げられた。

前五一年、ガリアを平定したカエサルが帰国する。だが、解散しなければならないカエサルの軍隊は武装解除されなかった。このカエサルの処遇をめぐって激論が続き、ローマの政局は揺れに揺れる。しかし、最後に物《もの》を言うのは軍事力である。そのことはポンペイウスもカエサルも十分わかっていた。

ついに、カエサルはルビコン川を渡り、イタリア本国に侵入する。さらに南へと進撃し、都ローマを制圧した。ポンペイウスは迎え撃たなければならないのだが、ことのほか兵士の招集に手間取っていた。これでは、歴戦の兵《つわもの》がそろうカエサル軍に太刀打ちできるはずがない。

ポンペイウスはひとまず、イタリア半島を去る。自軍を立て直す地は、かつての東方遠征で彼の権威に服する者の多いギリシアだった。やがてカエサルもアドリア海を渡り、ポンペイウス軍に立ち向かう。戦いは数に勝るポンペイウス軍が優勢であり、敵地にあって物資の調達に苦しむカエサル軍の兵士たちは、草で作ったパンを食べるほどだった。

前四八年夏、ついに決戦の時が訪れる。そこはギリシア北方のファルサロスの野であった。ポンペイウス軍は歩兵五万に騎兵七〇〇〇。これに対して、カエサル軍は歩兵二万二〇〇〇に騎兵一〇〇〇。軍勢においては二倍以上の開きがあった。しかし、戦術のたくみさはカエサルが勝り、戦いの大勢は決まった。

ファルサロスの戦いの結果からは、ポンペイウスが武将としてもカエサルに劣っていた印象を受ける。しかし、はたしてそうだろうか。ポンペイウスは地中海沿岸の各地に遠征し、ローマの領土を比類なく拡大した。若くして頭角を現わし、数々の戦勝に輝いた軍人である。しかも、カエサルも認めているように「人柄も良く、暮らしぶりも清廉で、まじめな人物」であった。

だから、晩年のポンペイウスは野心に駆られて率先して行動していたようには見えない。むしろ、元老院貴族に担ぎ出されたかのような総大将だった。さしもの勇将も、かつての勝負勘も鈍り、いささか鈍重になっていたのではないだろうか。

それに比べれば、六歳下のカエサルは八年間のガリア転戦後も軍事活動を続け、武将としても冴《さ》えに冴え、脂《あぶら》の乗り切った頃だった。政略家としてはカエサルに一目《いちもく》も二目《にもく》も置くが、武将としてならポンペイウスはカエサルに勝《まさ》っても劣るわけではない。カエサルにすれば、良い時にポンペイウスと対戦したのである。

敗走したポンペイウスは商船でエジプトに逃れる。だが、エジプト人はローマの内紛に巻き込まれるのを恐れていた。ポンペイウスが接岸用の小舟に乗り移ろうとした時、エジプトの宮廷人によって殺害されてしまう。ポンペイウスの死を知ったカエサルは、悲痛な思いをいだいたという。

カエサル——ローマ最大の英雄

ガイウス・ユリウス・カエサル（前一〇〇〜同四四年）

若い頃より才長《さいた》けて

前一〇〇年七月、カエサル（写真13）はローマ下町のスブラ街に生まれた。家柄はとびきり古かったが、資産も人脈もとぼしかった。だが、伯母《おば》が当代の実力者マリウスと結婚すると、マリウス派の人々と触れる機会が重なる。その首脳陣キンナの知己を得て、彼の娘コルネリアと結婚した。それと共に、ユピテル祭司《さいし》になっている。まだ二〇歳にならない頃だった。

やがてマリウス派と対立するスッラがローマに戻り、すべてが覆《くつがえ》される。カエサルも祭司職を剥奪されたばかりでなく、コルネリアとの離婚を命じられた。だが、カエサルはこの命令を拒《こば》み、絶大な権力者の逆鱗《げきりん》に触れる。

スッラはまわりの貴人たちのとりなしでどうにか怒りを収めたが、次の捨て台詞《ぜりふ》を吐《は》いたという。「あの若造のなかには、マリウスが何人もいるのがわからないのか」と。なにやら予言じみた、できすぎた話だが、傑出した英雄だからこその伝説であろう。

その頃のローマの覇権はもはや地中海世界に並ぶものはなかった。かつて海軍力を誇った東方諸国は衰退しつつあり、ローマの支配が露《あらわ》になっていた。それと共に、エーゲ海域では海賊行為が盛んになり、ほどなく地中海全域に広がる。この海賊集団の魔の手は、カエサルにも忍び寄っていた。

彼は二〇歳を過ぎた頃、アシア遠征に従軍し、その途中で海賊に捕《つか》まってしまう。伝説によれば、捕《と》らわれている間も意気消沈することはなかった。それどころか、海賊に詩や演説を朗読してやり、「褒《ほ》めない者には面と向かって『無学文盲《むがくもんもう》の輩《やから》』とか『野蛮人め』と叫び、笑いながら『縛《しば》り首にするぞ』と脅《おど》すこともしばしばであった」と作家プルタルコスは語っている。

捕虜になってから三八日後、五〇タラント（現在の貨幣価値で約三億円）の身代金が届けられ、カエサルは解放された。やがて予告通りに、海賊たちを探し出し、一網打尽《いちもうだじん》にして、牢獄《ろうごく》にぶち込む。処罰の責任者である属州総督は戦利品の財貨に目がくらみ、海賊の始末をためらっていたが、カエサルは全員を磔刑《たっけい》に処したという。

カエサルはイベリア半島を何度も訪れているが、ある時ガデスにおもむき、アレクサンドロス大王の彫像の前で泣き崩《くず》れた。「アレクサンドロスがすでに全世界を征服した年齢になったというのに、自分は何も注目されるような仕事をしていない」と。三二歳で世《よ》を去った大帝国の建設者と比べて、ふがいない自分の無力さに涙したのである。カエサルがいかに名誉心と自負心にあふれた男だったか、を物語ってあまりある。

カエサルは長身でおしゃれ、房飾《ふさかざ》りのある平服をゆったりと粋《いき》に着こなした。きっぱり

写真13 カエサル

フォーリ・インペリアーリ通りのカエサル像。台座の「S・P・Q・R」は「Senatus Populusque Romanus(ローマの元老院と国民)」の略称で、国の主権者を意味する

とした態度で人々を惹《ひ》きつけてやまず、警句にあふれた語調で弁舌さわやか。借財を厭《いと》わず、大盤振る舞いをしても恩に着せないおおらかさがあった。このようなカリスマ資質は、人間のつながりをたぐりよせ、政治的な力として結集するのに大いに役立った。

借金にしても、誰にでもできることではない。貸す側が、カエサルに人間としての魅力を感じなければ、そうそう貸すものではない。さらに、借り手が失脚すれば、貸し手は元《もと》手《で》をなくし、すべてを棒に振ってしまう。そうならないように、貸し手はまたカエサルを援助するのだ。

カエサルは古代にあって、合理主義も現実主義も骨の髄《ずい》まで染《し》み込んだ男だった。そのカエサルをして、不思議な行動を取らせたことがある。彼は二七歳で国家祭祀《さいし》の神祇官《じんぎかん》一○人の一人となっている。

やがて三七歳の時、その神祇官のなかの首長になる大神祇官（ポンティフェクス・マクシムス）に立候補している。公職経験も豊かな高齢者がなるのが通例であり、無謀な挑戦である。だが、カエサルは必死であった。その朝、「母上、今日あなたの息子は大神祇官職に就くか、亡命者になるか、どちらかです」と言い残して、家を出たという。

そして、借金による巨額の賄賂《わいろ》工作が物を言って、カエサルはめでたく選出される。この地位は終身であったから、彼は死ぬまで国家祭祀の最高責任者であった。

執政官に就任

前六二年に法務官を務めたあと、三九歳のカエサルに属州ヒスパニアでの軍事指揮権が与えられた。イベリア半島での戦いに決着をつけると、ローマで凱旋式を挙行するために帰国した。

カエサルの狙いは執政官になることであり、立候補するにはローマにいなければならない。しかし、ローマに入るには軍隊を解散する必要がある。カエサルは特例を認めてもらおうとしたが、閥族派のカトー（小カトー）らが阻止する。なにしろ、彼は伝統主義の家風を誇る筋金《すじがね》入りの共和政擁護者である。さらに、何かと派手にふるまっていたカエサルに、元老院議員の大半は反感をいだいていた。

カエサルに与えられた任務はイタリアの山賊《さんぞく》退治にすぎず、野望は潰《つい》えたかに思えた。しかし、カエサルはここでひき下がるような男ではない。ローマ政界の大物二人を引き込み、反閥族派の共闘路線を画策する。

その二人とは、資金面で面倒を見てくれていた大富豪クラッススであり、絶大な勢威を持つ武勲者ポンペイウスであった。二人の仲はけっして良くはなかったが、二人とも同じ悩み——閥族派の妨害により思惑通りに事《こと》が運ばない——をかかえていた。やがて、三人の共闘がなり、前五九年の執政官にカエサルが選出される。カエサルは年来の野望を成就《じょうじゅ》したのだ。

執政官になったカエサルには、当然ながら相棒の執政官がいた。それがビブルスだが、この男は土地分配法案を阻止しようとする。だが、カエサル支持者から脅《おど》され、辱《はずかし》めを受けると、自宅に引きこもってしまった。その後も、不吉な前兆を見たと言いながら、カエサルの提案にことごとく反対する。

しかし、器《うつわ》が違いすぎて勝負にならなかった。そのせいで、前五九年を「カエサルとビブルスが執政官の年に」と言うべきところを、人々は「ユリウスとカエサルが執政官の年に」とふざけていたという。

ガリア戦争

ポンペイウスとクラッススという後ろ盾を得て、カエサルはガリアでの軍事指揮権を獲得する。そののち八年におよぶガリア征服の出来事は、カエサル自身が書いた『ガリア戦記』にくわしく語られている。

同書は総司令官自身が綴《つづ》ったものとして、その価値は比類なきものだが、ラテン語の名文としても傑出している。簡潔で無駄がなく、どこにも手を加える余地がない。そのきびきびとした文章をたどれば、政治家としてのカエサルの力量が偲《しの》ばれる。同時代の大弁論家キケロをして、カエサルの演説には「一生かかって修辞学を学んでも近づくことすらできない」と言わしめたほどである。

当時、アルプスを越えた北方の広大な地域は、まだローマの軍事力のおよばない土地であり、ガリア人と総称される人々がいくつもの部族をなして住んでいた。彼らのなかには新天地を求めて移動する部族があり、ローマ人はこれに難癖《なんくせ》をつけて討伐の口実にする。そして、これらの部族を撃破すると、故地《こち》に戻らせ従わせた。それと共に、ガリア人と同盟を組み、さらに北方に住むゲルマン人の来襲に備えた。ゲルマン人は、ガリア人よりも体格も大柄で勇猛であり、ガリア人もローマ人も怖気《おじけ》づくほどだった。

これらゲルマン人の脅威からガリアを守るというのが、征服者カエサルの弁明であった。そもそもガリア戦争は、元老院の承認もなく始められたものであり、カエサルは戦争の正当性を説明しなければならなかった。『ガリア戦記』は、ある種の政治的な意図を持つ自己弁明の書でもある。何よりもカエサル自身の名誉と利得のための戦争だったのだが、そのことは伏せられていた。しかし、それは当時の人々には周知のことだった。

カエサルはポンペイウスに勝る武勲が欲しかったのだ。また、カエサルは湯水のごとく大盤振る舞いをしてきたので、莫大な負債をかかえてもいた。それらを保証人として支えてくれたのがクラッススだった。クラッススにすれば、カエサルは支援するに値《あたい》する人物と思われたのだろう。

『ガリア戦記』では、この戦争でどれほどの人間が殺され被災したかは、ほとんど触れられていない。おそらく前近代の征服戦争のなかでも最大規模の被害をもたらしたものだったろう。

しかしながら、カエサルは先頭に立って兵士を叱咤《しった》激励し、自身は沈着冷静であった。その司令官の堂々とした姿を見て、ローマ軍の士気は上がり、矢継《やつ》ぎ早《ばや》に戦果を挙げた。カエサルによれば、二年たらずのうちに、「全ガリアが平定された」という。しかし、戦争の勝敗は当事者、特に統率者がどう判断するかによることが少なくない。

実際、翌年になると、ガリア各地の部族が反旗をひるがえした。結局、のち六年間がこれら諸部族の反乱鎮圧に費《つい》やされるのである。

武将としての才能

ところで、注目されるのは、カエサルが人間の世界にひときわ鋭《するど》い洞察力を持っていたことである。人間は、現実そのものよりもそうあってほしいと願うことを信じやすい。カエサルはそのことを熟知していた。だから、時として彼は、民衆の願望通りに演出してみせるのである。

ローマ人の社会には、もともと親分・子分のような保護・被護関係（クリエンテーラ）が濃厚だった。カエサルの軍人としての成果も、彼のもとに集まった兵士たちを自分の手足のように動かしたからだ。カエサルは彼らを呼ぶ時に「兵士諸君」と言わず、「戦友諸君」と語りかけたのだから、兵士たちはしびれた。カエサルと部下たちとの親分・子分の絆は深まり、ローマ市民のみならず、征服した部族民との間にも広がっていったのである。

しかし、カエサルの力量をもってしても、ガリア征服の戦いは一筋縄《ひとすじなわ》ではいかなかった。なかでも、前五二年の全ガリアの蜂起は壮絶をきわめた。勇将ウェルキンゲトリクスを首長とするガリア軍の兵力は、一〇〇万を超えていた。

ガリア軍の主力八万はアレシアの堅固な要塞に立てこもり、六万のローマ軍はそれを包囲。そこに二四万人のガリア人の大軍がかけつけ、取り囲んだ。背後を敵に囲まれ、ローマ軍は窮地に立たされる。包囲の攻防が繰り返され、三〇日も続いた。その頃には、両軍共に食糧がつきかけ、あせりの色がにじんでいた。

決戦の時を迎えたのは真夏の頃だった。激しい白兵戦《はくへいせん》が繰り返され、数に勝るガリア要塞軍は次々に新手《あらて》の兵を送り込む。苦戦におちいったローマ軍はやがて敵の攻撃を支えきれなくなり、最後の突撃に出た。

そのローマ陣営のもとに、深紅《しんく》の外衣《がいい》をまとったカエサルの颯爽たる姿が近づいてくる。ガリア軍は浮き足立ってカエサルを目指し、戦場は阿鼻叫喚《あびきょうかん》の巷《ちまた》と化す。だが、前もって迂回《うかい》させていた騎兵隊がガリア要塞軍の背後を急襲。またたくまにアレシアの要塞内は大混乱におちいり、総崩《そうくず》れになった。

敵将ウェルキンゲトリクスは潔《いさぎよ》かった。「自分は私利私欲のためではなく、ガリア全体の解放を願って闘った。だが、もはや運命には逆《さか》らえない。ガリア人諸君は私を殺すのも、敵に引き渡すのも自由だ」と叫んだ。やがて「ガリアの重鎮たちと共に、ウェルキンゲトリクスが引き渡された」とカエサルは記している。

カエサルは敵将の器量を認めながらも、ウェルキンゲトリクスの裏切りを許さなかった。カエサルにしてみれば、かつてガリア人はすべてローマに恭順の意を示したはずだったからだ。ウェルキンゲトリクスは六年間、暗闇の地下牢に幽閉され、やがてローマ市内を引き回され、絞《し》め殺された。その日は前四六年夏、カエサルの凱旋式の日であった。

ルビコン川を渡る

もはや武将としてのカエサルの勇気と力量は、誰もが認めるところであった。しかし、一〇〇万人を殺し一〇〇万人を捕虜にしたと言われるカエサルに、裏切り者や被征服者だけが恐れをいだいたわけではない。カエサルの快進撃と武勲が続けば続くほど、元老院保守派は妬《ねた》みと不安のなかでカエサルを恐れ、反カエサルの機運が生まれた。

その頃、すでにカエサルとの絆となる愛妻ユリアを失ったポンペイウスは再婚し、クラッススはパルティア戦線で戦死していた。三頭政治の崩壊である。共和政擁護論の先鋒カトーが率いる元老院保守派はポンペイウスを担ぎ出し、反カエサル派の中心人物に据えた。

前五一年、ガリアを平定したカエサルは帰国し、凱旋式を挙げ、執政官への立候補を望む。しかし、またもや一〇年前と同じ難問がふりかかる。凱旋式を挙げるには軍隊を手離せないが、軍隊を解散しなければローマ市内に入れず、執政官にも立候補できない。

ふたたびカエサルは特例を要求したが、政敵はこれを認めるはずがなかった。民衆は圧倒的にカエサルを支持していたため、カエサルの処遇をめぐって激論が続き、ローマの政局は揺れた。

ついに前四九年一月、元老院では「定められた日までに統率権（インペリウム）を放棄しなければ、カエサルは国家の公敵となる」という提案が、圧倒的多数で可決された。アントニウスをはじめとするカエサル派の人々は反対したが、もはや保守派の前になす術《すべ》はなかった。アントニウスは奴隷に扮装《ふんそう》して逃げ出し、カエサル派の元老院貴族もこれに続いた。その頃カエサルはイタリア北部のラヴェンナにおり、その近くにはルビコン川が流れていた。

ルビコン川は北イタリアを流れる小さな川である。古代の人々はそこを渡れば、イタリア本土であると考えていた。ローマの武将は、遠征する時には統率権を与えられ、軍隊を率いる。しかし、本国に戻ってくる場合、そこで武装解除するのが慣習だった。だから、軍隊を率いたままルビコン川を越えれば、国法に違反する国賊《こくぞく》になる。しかし、カエサルにためらいはなかった。彼は「賽《さい》は投げられた」と言い切り、ルビコン川を渡ったのである。前四九年一月十日のことだった。

カエサルは疾風怒濤《しっぷうどとう》のごとく行動する男だった。その迅速さがこの時ほどはっきり出たことはないだろう。ひたすら南へと進撃する。あまりのすばやさに、ほとんど抵抗する者もなく、イタリア半島を制圧する。迎え撃つのはポンペイウス。そこには、二人の武将の資質の違いがくっきりとしていた。

ポンペイウスは「自分についてこない者は敵と見なす」と脅《おど》した。大雄弁家キケロも、しぶしぶポンペイウスに従った。だが、カエサルは「誰にも与《くみ》しない者なら味方と見なす」と言ったのである。国賊ゆえに、低姿勢でいなければならなかったにしても、役者が一枚上だった。

ファルサロスの戦いでポンペイウスを破ったカエサルはローマに戻り、戦友である兵士たちに、むやみにローマ市民を殺さないように呼びかける。ポンペイウスに加担した名門貴族たちにも温情をほどこし、それらのなかには、のちにカエサルの暗殺者ブルトゥスもいた。ポンペイウス軍に走った彼を肉親のように気遣《きづか》っていたので、無事な姿を見た時にカエサルはひとしお喜んだという。その後も、処刑も粛清もいっさい行なわなかった。

異民族であるガリア人への残虐な仕打ちとは大違いである。カエサルにとっては、敗者といえども同胞の流す血は耐えがたいものがあったのだろう。

敗れたポンペイウスを追うカエサルはエジプトに渡ったが、そこで耳にしたのは偉大なる敵将の死であった。やがてカエサルは思いがけず、エジプトの王位継承問題に巻き込まれてしまう。

政敵への勝利

その地で、カエサルは妖艶《ようえん》な女王クレオパトラと知りあう。彼女との楽しい日々を送りながら、ナイルの地に半年も滞在している。豊穣なるエジプトの視察と財政処理が狙いだったかもしれない。だが、ナイル川をさかのぼって周航するカエサルとクレオパトラの姿は、文豪シェイクスピアならずとも、人々の想像力をかきたてる。それはまるで長年の戦争で疲れた心身を癒《いや》すかのような悦楽の日々だった。

とはいえ、カエサルの敵が一掃されたわけではない。ポンペイウス派は北アフリカにも、ヒスパニアにも、イタリア本国にも、ローマにも生き残っていた。西地中海に不穏な風雲がただようばかりか、小アジアでもミトリダテスの子が反旗をひるがえしていた。

前四七年、カエサルはまず小アジアの敵を電撃戦でけちらし、「来た、見た、勝った

[veni, vidi, vici]」の名文句で元老院に報告した。こうしたなか、元老院議員のなかにも数多く支持する者が出てきた。カエサルの政治的手腕のなせる業《わざ》だろう。

翌年四月には、北アフリカ戦線でポンペイウス派の残党を破り、共和政主義者カトーを決然たる自刃《じじん》に追い込む。カトーにすれば、カエサルの慈悲にすがるなどもってのほかだった。それは自由が独裁に屈服することでしかなかったのだ。

カトーの壮絶な死《し》に様《ざま》は、その後も共和政擁護派にとって、心の支えであり続ける。カエサルは「あの男の命を救えなかったのは残念だ」と悔《くや》しがったという。

前四五年三月、ついにイベリア半島南部でポンペイウスの息子の率いる軍勢を打ち破った。カエサルがルビコン川を渡って四年が経っていた。めまぐるしかった内乱にようやく幕が下ろされたのである。

なぜ殺されたのか?

もはや、カエサルは並ぶ者すらいない、絶大な権力者であった。カエサルはローマに戻ると、数々の改革を行なう。多くの法令を出し、元老院議員を大幅に増やした。この頃イタリア半島の諸都市には新興《しんこう》の貴族たちが輩出しており、彼らはカエサルを進んで支持した。

また、前四五年一月一日を機《き》にユリウス暦を導入。ここに、現代とほとんど変わらない太陽暦が始まった。七月（July）がユリウスに由来することは周知であろう。貧民には救いの手をのばし、多くの人々にローマ市民権を与えた。それと共に、イベリア半島をはじめとして、各地に数多くの植民者を送り出した。彼を単に急進的な国家改造論者ととらえるべきではないだろう。

まさにカエサルは王のごとき独裁者であった。その姿は共和政の伝統にはなじまないものであり、元老院にはカエサルに反感を持つ者が絶えなかった。しかし、そのような政敵でさえ、カエサルは慈愛（クレメンティア）の念で大目に見ていた。

ついにカエサルの人気は、民衆にも軍隊にも崇拝にまで至った。しかし、権力の頂点をきわめながら、カエサルの表情には憂愁がただよっていた。貨幣に刻まれた顔には死相がにじんでいる、と指摘する学者もいる。もはや、誰にも心の内《うち》がわかってもらえない、とあきらめているかのようである。

前四四年、カエサルは終身の独裁官となる。非常時に半年任期でしかなかった地位であるから、共和政の伝統は救いようがないほど地に落ちた。みずから王と名乗ることはなかったが、カエサルはかつての王政期の王衣《おうい》を着るようになっていた。共和政を擁護する元老院貴族たちの反感はきわまり、不満は煮《に》えたぎっていた。

かねてから占い師は「三月十五日まで気をつけてください」と忠告していた。その日の朝、カエサルは「へぼ占い師め、何事もなかったではないか」と皮肉ると、占い師は「三月十五日はまだ終わっていません」と答えたという。

護衛ぎらいのカエサルは一人で元老院議場へ入ってきた。暗殺をもくろむ一味に囲まれ、矢継《やつ》ぎ早《ばや》に剣がふりかざされる。そのなかに、贔屓《ひいき》にしていたブルトゥスもいた。その刃《やいば》が向けられた時、「ブルトゥス、おまえもか」と叫んだという。刺された傷は二三カ所におよんでいた。

カエサルは、刃向《はむ》かう野蛮人には情け容赦なく残酷だった。だが、恭順をもって許しを請《こ》う者、とりわけローマ市民同胞には恩赦を惜しまず、寛容であり続けた。さらにまた、果断で迅速な行動力を支えたのは野望に燃えていたからにほかならない。

カエサルみずからが世界帝国の樹立をもくろんでいたかどうか、それを確信する術《すべ》はない。だが、はてしない覇権への野望を燃やし、時には残酷に、時には寛容にふるまう男だったことは心に留《と》めておこう。

寛猛《かんもう》自在な野心家カエサルだからこそ、嵐のように歴史を突っ走っていった。彼は世界史という舞台のスーパースターであり、何はともあれ、空前の世界帝国の創始者にふさわしい人物だった。それだけに、後世の醜聞史家スエトニウスが「カエサルは殺されるべくして殺された」というのは的《まと》を射《い》た言葉である。

アントニウス──有事に高潔、平時に放蕩《ほうとう》

マルクス・アントニウス（前八二〜同三〇年）

カエサルの遺言状

カエサルが暗殺された時、アントニウスは元老院議場の近くで人と話をしていたという。カエサルの忠義一途《いちず》な右腕として働いていたため、アントニウスも狙われていた。だが、剣闘士のような強靭《きょうじん》な体軀をしていたので、暗殺そのものが失敗しかねないと、はずされたらしい。不穏な空気がただようなか、彼は死体を一瞥《いちべつ》すると議場を去る。

暗殺の首謀者ブルトゥスは血のついた短剣を手にしながら、事《こと》の次第を説明しようとしたが、誰も耳を傾けようとしなかった。彼は、共和政の敵を倒し、自由が勝利したのだから、誰からも支持されると思い込んでいた。ただし、「誰も処罰されない」という長老キケロの提案が受け入れられ、騒ぎは収まったかに見えた。

ほどなく、カエサルの遺言状が公開される。後継者に指名されていたのは、アントニウスではなく、カエサルの姪《めい》の息子オクタウィアヌス（のちのアウグストゥス帝）であった。

さらに、豪壮な庭園は市民の公園として寄贈され、貧民一人一人にかなりの金額が贈られることが記されていた。

数日後、元老院決議にもとづき、カエサルの葬儀が厳粛に行なわれた。民衆の反感は、カエサル殺害の犯人たちに向けられていた。カエサルの遺体には金と紫の覆《おお》いがかけられ、広場に安置され、その前でアントニウスは追悼《ついとう》演説を始める。

のちにシェイクスピアの手で誇張されて描かれているにしろ、「友よ、ローマ人よ、同胞よ」で呼びかける劇的な文句が口からほとばしる。カエサルがいかに寛容で勇敢であり、国家の安寧《あんねい》を願っていたか。それに反して、命を絶たれたという不幸がローマ国民にどれほど悲嘆をもたらすものであるか。そう語り終えると、血のついた故人の服を振りかざす。

暗殺者たちへの民衆の怒りはあおられ、最高潮に達した。民衆は、まわりにある机や椅子を持ちより、火をつけてカエサルの遺骸を火葬に付《ふ》す。燃え盛る薪《たきぎ》の山から木片をつかむと、暗殺者たちの家々に走って火を投げつけ、襲撃した。ブルトゥスらの暗殺者たちは命からがらローマから逃げ出したという。

カエサルに見出《みいだ》される

アントニウスの母は、カエサル家の血を引いている。新興貴族の父は資産には恵まれなかったが、人柄は良かったらしい。この父親が亡くなると、幼《おさな》いアントニウスは親族のレントゥルスに引き取られた。ところが、この人物は疑惑のカティリナ陰謀事件に連座していたため、キケロに糾弾され処刑されてしまう。アントニウスには、キケロに対する憎悪が根強く残った。

アントニウスは若い頃から遊び癖《ぐせ》のある男だった。遺産はすぐに使い果たしてしまい、借金まみれになっていた。そのために、生涯、放蕩者という評判がつきまとった。

やがて、民衆煽動家《せんどうか》クロディウスの反抗運動に加担し、ローマから逃れてギリシアに渡った。そこで戦闘のために身体を鍛錬し、演説の練習にはげんだという。さらに、シリアやエジプトでの遠征軍に加わって、華々しく活躍した。

なかでも、客人として親しく交わっていたアルケラオス王と敵味方に分かれて戦うことになり、これを打ち破ったことが特筆される。しかも、王の遺骸を見つけ出し、王にふさわしい葬儀をもって埋葬したために、人々から讃えられたという。

アントニウスは見事な髭《ひげ》、広い額《ひたい》、鷲鼻《わしばな》を備え、高貴な威厳があり、絵や彫刻にあるヘラクレスのようだった。彼自身も、ヘラクレスの息子アントンの子孫であるかのように気取っていたらしい。そのせいか、多少の礼を失《しっ》するようなふるまいも、兵卒たちには好意を持って見られたらしい。しかも、友人や兵士たちにけちけちせず気前が良かったことも、ほかの瑕疵《かし》を目立たなくさせ、アントニウスの声望を高めた。

そのようにして数年間の軍務をこなしたあと、前五四年、二八歳のアントニウスはカエサル率いるガリア遠征軍に従軍するようになる。ほどなく、いざとなれば力を発揮する青年アントニウスの姿に、カエサルはことさら興味をいだいたらしい。三二歳までカエサル遠征軍で軍務につき、ローマ帰還後の前四九年、護民官に選ばれている。

武勲と放蕩

この年、カエサルはガリア遠征を終えてローマに帰還しようとしたために、元老院はカエサルの軍隊指揮権を剝奪しようとした。これはカエサル配下のアントニウスには許しがたく、護民官としての拒否権を行使する。しかし、元老院はこの拒否権発動を無効としたために、アントニウスは身の危険を感じて逃亡せざるをえなくなった。

この護民官アントニウスの亡命は、カエサルにとって願ってもない開戦の口実をもたらした。不可侵であるべき護民官の権利を回復すべく、ローマに進軍する好機が訪れたのである。

カエサル軍がルビコン川を渡ると共に、ローマ人どうしが敵味方に分かれる内戦が始まる。ポンペイウスの率いる保守閥族派の軍勢は態勢が整《ととの》わないうちに、イタリアを逃れて東方に向かった。追撃するカエサルは、イタリアの統治をしばしアントニウスに任せて、ギリシアに向かった。

内乱時とはいえ、敵軍のいないイタリアでは平穏な状態が続く。もともと行政にも訴訟にもほとんど関心がなかったせいか、ほどなくアントニウスはカエサルを追ってギリシアに渡った。ポンペイウス軍に比べて軍勢で劣るカエサル軍にとって、アントニウスの参戦は願ってもない援軍となる。

前四八年夏、四方《しほう》を山に囲まれたファルサロスの野が決戦場となった。カエサル軍の左翼を任されたアントニウスは敢然と奮戦、数に勝る敵軍が崩壊する様《さま》を目の当たりにした。

この決戦のあと、カエサルは非常時の独裁官に就きながら、地中海の各地に散らばるポンペイウス派の残党を掃討するために遠征を重ねた。その間、アントニウスはふたたびイタリアの統治を任されている。

アントニウスにとって、今回も行政や訴訟は退屈きわまりないことだった。戦場での姿と打って変わって、アントニウスは怠《なま》け者になり、公務をなおざりにして、酒宴にうつつをぬかす。それでも公務はこなさなければならなかったので、挙《あ》げ句《く》の果《は》てに女優と遊びながら行なうほどだったという。

その間に、離婚、再婚を繰り返す。三人目の妻はクロディウスの未亡人フルウィアだった。皮肉屋プルタルコスは「彼女は家庭を仕切れなかったが、執政官を手なずけることはできた」と語っている。さらに、アントニウスは女性の命令には従順になったのだから、「クレオパトラはフルウィアに感謝すべきだ」とも皮肉っている。

前四四年、アントニウスはカエサルの同僚として執政官に就いた。その頃、人々はカエサルが王になるのではないかという疑念を持っていた。非常時であるべき独裁官に終身就くというのだから、共和政の伝統を守ろうとする保守派は恐れと不満をいだいた。

それをあおるかのように、アントニウスは公《おおやけ》の催《もよお》しのたびに、カエサルの頭上に月桂樹《げっけいじゅ》の王冠をかぶせようとする。人々の懸念を察していたカエサルは、さすがに迷惑そうに断わるのだった。

逆境での逆転劇

カエサル殺害後の混乱のなかで、追悼演説を行なったアントニウスは、もはや国家を率いる立場にあった。カエサルと共に執政官であったことも幸いした。カエサルの遺言状を手にしていたので、すべてカエサルの意志だという口実もあった。

だが、共和政を死守しようとする元老院も頑強であり、カエサルの後継者たる若きオクタウィアヌスに一縷《いちる》の望みをかける。とりわけ、アントニウスとの因縁《いんねん》の対立を深めるキケロは論陣を張った。彼はアントニウスを非難する演説を繰り返し、ほどなく元老院はアントニウスを公敵と宣告した。

アントニウスは戦局不利を察知して、ガリア遠征を名目に軍勢を集める。元老院派も兵をつのり追撃したので、北イタリアの戦場でアントニウス軍は敗北した。もはやアントニウスはアルプスを越えて逃げるしかなかった。だが、困難に直面した時のアントニウスはしぶとく、あきらめない。兵士たちをはげまし続けるのだった。同時代人は「危機のなかで、アントニウスは高潔な人物に変身する」と指摘している。

ところで、アントニウスよりも八歳ほど年長のレピドゥスは、かつてカエサルの補佐役だった。カエサル派の主導権をめぐってアントニウスとの確執《かくしつ》があってもよさそうだが、レピドゥスはアントニウスとの対峙を避けた。軍隊での人望でかなわないことを自覚していたのだろうか。歩み寄ったばかりか、オクタウィアヌスとの和解をも仲介している。オクタウィアヌスも、元老院が自分を信用せず煙たがっていることに気がついていた。

前四三年、こうして青天《せいてん》の霹靂《へきれき》のような三者の協約が成立し、レピドゥス、アントニウス、オクタウィアヌスが政権を奪取した。敗走中のアントニウスには信じがたい幸運に感じられただろう。

カエサル派の三人は、まず報復することで一致する。アントニウスの処刑者リストには、筆頭にキケロの名が挙げられていた。優柔不断なキケロも死に際《しにぎわ》は潔《いさぎよ》かったらしい。ほかの共和政派は逃走したため、アントニウスは遠征軍を率いて追走し、マケドニアのフィリッピでその残党を打倒する。カエサル暗殺の首謀者カッシウスとブルトゥスも自害した。ブルトゥスの遺骸は手厚く葬られたという。

クレオパトラとの甘美《かんび》な生活

フィリッピの戦いのあと、オクタウィアヌスはローマにとどまり、レピドゥスは北アフリカに渡り、アントニウスは小アジアに行った。アントニウスは東方世界の指導者たちに

写真14 アントニウスとクレオパトラ

アントニウス（左）とクレオパトラが表裏に彫られた、帝政初期の銀貨

ローマへの恭順の意を示すことを要求したので、キリキアのタルソスで待つ彼のもとへ、エジプトのクレオパトラが訪れる。

かつてカエサルの愛人だったクレオパトラは、噂にたがわぬ才色兼備の女王だった。すっかり魅了されたアントニウスは、クレオパトラと共にエジプトに渡る（写真14）。

もともと平穏な時には自堕落《じだらく》になりやすいアントニウスだから、クレオパトラとの甘美な生活は気性に合っていただろう。クレオパトラもアントニウスの政治権力の手助けを当てにしたが、一人の女としてこの男に惹《ひ》かれていたに違いない。

だが、甘いだけの暮らしは長続きするわけがない。東方では国境を破ってパルティアがシリアに侵攻し、西方のイタリアでは、アントニウスの妻フルウィアが貧民をたきつけて騒動を起こし、オクタウィアヌスとの間に暗雲が立ちこめる。アントニウスはシリア戦線を配下の武将に任せていったんイタリアに帰国しようとしたが、その途上でフルウィア病死の訃報が届く。

ローマに到着すると、友人たちのとりなしでオクタウィアヌスとの協力を確認した。アドリア海を境《さかい》にして西方をオクタウィアヌス、東方をアントニウスが支配し、レピドゥスには北アフリカを任せることにした。さらに、アントニウスはオクタウィアヌスの姉オクタウィアを四人目の妻に迎えた。一種の政略結婚だが、この時代にはありふれたことだった。

その頃、ポンペイウスの息子セクストゥスは生きており、海賊の頭領となり海軍力を持っていた。いずれ対峙する相手だが、今は静観《せいかん》する時である。しばらく、アントニウスはローマに戻り、新妻オクタウィアと静かに暮らした。しかし、セクストゥスとの和平は続かなかった。

オクタウィアヌスの追手《おって》から逃れたセクストゥスは、シリアでアントニウスの部下の手で殺された。この頃レピドゥスの勢力はオクタウィアヌスの勢力に吸収されつつあった。

地中海世界に、西のオクタウィアヌスと東のアントニウスとが並び立ったのである。

猛将の最期

前三七年、ふたたびアントニウスはエジプトに渡り、クレオパトラとよりを戻す。パルティアとの戦争でも遠征軍を率いたが、あまり気乗りせず、早々に切り上げて、アレクサンドリアのクレオパトラのもとに戻った。さらに、はるばる会いに来た貞淑な妻オクタウィアをさっさと帰してしまう。やがてアントニウスはオクタウィアと離婚し、クレオパトラと正式に契《ちぎ》りを交《か》わした。

このような姉への侮辱を、弟はもはや黙認するわけにはいかなかった。アントニウスはクレオパトラにまどわされ、国事《こくじ》をなおざりにしている、と非難された。さらにまた、アントニウスはパルティア遠征に出かけたが、苦戦のなかで、退却することを強《し》いられた。この混乱に乗じて、オクタウィアヌスはクレオパトラとアントニウスに宣戦を布告した。

それでも、クレオパトラとアントニウスは豪勢な宴会や遊戯にかまけ、贅沢三昧《ざんまい》な暮らしをやめなかった。クレオパトラは、立派な真珠《しんじゅ》を酢《す》に溶《と》かして、おもしろおかしく飲み干《ほ》したりする。

アントニウスは彼女を女神と呼び、言いなりになっていた。彼にはクレオパトラを恐れる気持ちもあったのかもしれない。実際、二人の間に生まれた子どもたちに、アントニウスは東方領土を寄贈したりもした。それはローマの領土であるから、もはや公敵と見なされてもしかたなかった。

オクタウィアヌスは着々と遠征軍の準備を整える。自分は名目上の司令官であり、戦線で指揮を執《と》るのは側近の名将アグリッパだった。前三一年の晩夏、アントニウス軍は追い込まれ、アクティウム沖で両軍が衝突する。だが、この海戦はあっけなく終わった。アントニウス軍の劣勢が明らかになると、クレオパトラは艦隊を率いて逃げ出してしまったのだ。アントニウスも部下たちに戦闘をまかせて、自分はクレオパトラのあとを追った。彼はクレオパトラへの怒りでいっぱいだったが、やがて彼女を許す気になったという。

アントニウスはクレオパトラと共にアレクサンドリアに戻った。だが、迫りくるオクタウィアヌス軍の前になす術《すべ》もなく、エジプト軍は降伏。アントニウスにはもはや配下の者は誰もいなかった。

絶望したアントニウスは、クレオパトラが死んだという知らせを聞くと剣を取り、わが身を突き刺した。死にきれないうちに、クレオパトラ死亡が誤報だったとわかり、彼女のもとへ自分を運ぶように命じて、たどりつく。彼は「オクタウィアヌスに許しを請《こ》え」と告げながら、息を引き取ったという。

勝利者オクタウィアヌスはクレオパトラを丁重に扱った。だが、ローマの凱旋式では自分がさらし者になることを恐れるあまり、女王は毒蛇にわが身を咬《か》ませて命を絶った。

アウグストゥス——冷酷なる公人であり、温情ある私人

ガイウス・ユリウス・カエサル・オクタウィアヌス・アウグストゥス（前六三〜一四年）

虚弱体質

一二歳の少年オクタウィアヌスは、祖母の葬儀で立派な弔辞《ちようじ》を述べた。この祖母の実弟がカエサルであり、少年の姿はカエサルの目にとまったらしい。カエサルはこの少年のなかに生来《せいらい》の才能を見出したのだろう。何かと目をかけ、ポンペイウス残党と戦うヒスパニア遠征にも従軍させている。

この若者の勇気も、目を見張るものがあった。わずかな従者だけで敵だらけの道を突破し、船が難破《なんぱ》しても進軍をあきらめなかったという。そんな姉孫をカエサルがいとおしく思わないはずがなかった。ほどなく、勉学を続けさせるために、ダルマティアのアポロニアに留学させた。彼はその地で、生涯の友アグリッパと出会う。

勇敢さでは人並みすぐれていたにしろ、いかんせんオクタウィアヌスは病弱なところがあった。特に腸が弱く、いつも腹巻をつけていたという。いくつもの薬を持ち歩き、身辺

に侍医《じい》が控えていた。何よりも自分の身体をいたわらなければならないのだ。このような弱点をかかえた者には、逸《はや》りがちな自分の心を理解してくれる友が必要である。頑強なアグリッパは、オクタウィアヌスにとって願ってもない人物だった。

前四四年、この留学の地でオクタウィアヌスはカエサル暗殺の知らせを耳にする。それと共に、カエサルの遺言状で自分が後継者に指名されていることを知った。その時、オクタウィアヌスは一九歳にすぎない。

前途は多難だった。反カエサル派は生き残っており、カエサル派も足並みがそろっているわけではない。とりわけ、カエサルの側近であり、後継者を自任していたアントニウスの専横ぶりは目にあまるものがあった。オクタウィアヌスが要求しても、カエサルの遺産も書類も、手元から離そうとしないのである。

そのために、かつてカエサルが兵士たちに約束した謝金を払えず、オクタウィアヌスは自腹を切るはめになった。もっとも、そのおかげで兵士たちの信頼を得ることができたが。

政敵となったアントニウスが言いふらしたところでは、オクタウィアヌスの曽祖父は奴隷であり、政界入り前の父は差額を賄賂《わいろ》にする両替商であり、母はパン職人の娘だったという。身分が物を言う時代だから、卑《いや》しい家柄だというだけで、その人物の能力は疑いの目で見られた。とりわけ、為政者にとって望ましくない汚点であっただろう。

しかし、アントニウスが中傷するほどには、オクタウィアヌスの家柄は卑しくはなかった。確かに高貴な家系とは言えなかったが、新参の貴族ではある。何よりも、オクタウィアヌスは、絶大な権力者カエサルの後継者に指名されたのである。その事実は、すさまじい威力をもって、人々を圧倒した。

寛容なる支配者

二〇歳の時、オクタウィアヌスは最高指揮権も認められ、執政官にも選ばれた。それと共に、アントニウスとレピドゥスと和解して手をたずさえ、国家再建三人委員の一人となった。養父カエサルを殺した輩《やから》を法で裁《さば》き、処罰して追放する。

その頃、オクタウィアヌスの姉オクタウィアは、アントニウスに嫁《とつ》いでいる。やがてエジプトに渡ったアントニウスは女王クレオパトラと浮《う》き名《な》を流し、結ばれて子も生まれた。妻オクタウィアの健気《けなげ》な姿に対し、愛人にうつつを抜かす身勝手な夫の評判はがた落ちだった。

国家再建三人委員の解消と共に、オクタウィアヌスは地中海世界全土で海陸の戦闘を繰り広げた。生き残った保守派と手を結ぼうとしたレピドゥスを追い落とし、今や公敵となったアントニウスとクレオパトラの連合軍を打ち破った。

側近中の側近アグリッパは、軍人としての資質に恵まれていた。名目上はオクタウィアヌスが総司令官であっても、事実上はアグリッパが軍隊を率いて、数々の戦いを勝利に導いた。

このようなオクタウィアヌスについて、政敵アントニウスは「あの男は寝床に伏《ふ》したまま、ただ空だけを凝視《ぎょうし》していた。アグリッパが敵を完全にたたきのめすまで、まるで生きていないかのような姿でじっとしていた」と語っている。体調が悪かったのだろうが、オクタウィアヌスが、アグリッパの軍才を頼りにしていた様《さま》が目に浮かぶ。

もしアグリッパがいなければ、オクタウィアヌスが地中海世界の第一人者となり、アウグストゥスと呼ばれることもなかっただろう。そう言われるほど、アグリッパは軍人として卓越していた。にもかかわらず、アグリッパは凱旋式を拒《こば》み、あくまでもオクタウィアヌスを立て続けたという。オクタウィアヌスは軍事手腕には恵まれなかったが、人を見る目はひときわすぐれていたに違いない。

これらの戦いでは、勝利者オクタウィアヌスは、助命を嘆願するローマ市民なら誰でも許したという。また、外国人といえども、なるべく寛大に処遇した。滅ぼすよりも赦免《しゃめん》することが得策だという、カエサルの慈悲深さにならったものであろう。

さらに、単独の支配者になったにもかかわらず、非常大権《たいけん》を元老院と民会に返還する姿勢を示すのだった。このため、国政を元老院と分担することになり、前二七年、オクタウィアヌスに「アウグストゥス（尊厳なる者）」の尊称が与えられている。ここに、ローマ皇帝が誕生した（写真15）。

ローマの大改造

アウグストゥスの治世は、実に試行の繰り返しであった。共和政の組織を温存しながら、そこから新世紀に応じた、しくみを創出していくのである。共和政国家の運営機構にそれほど手を加えずに、広大な帝国の独裁統治をなすのだから、魔術のような話である。

だが、アウグストゥスはこの共和政を装う帝政の建設をおおむねたくみにやってのけた。たとえば親衛隊《しんえいたい》を設立したことなどは、共和政の建前《たてまえ》からすればありえないことである。しかし、親衛隊はローマ帝国の滅亡まで続いた。

なかでも、ローマをまさしく世界の首都として、華やかで見事な都市に造り上げたことは目を引く。洪水《こうずい》にも火災にも弱かった都市が、壮麗なる建築物であふれる都に生まれ変わったのだ。「ローマを煉瓦《れんが》の街として引き継ぎ、大理石の街として引き渡す」とアウグストゥスが自負したのも無理はない。空前の覇権を持つ帝国にふさわしい中心ができあがったのだ。

写真15 アウグストゥス

初代皇帝アウグストゥス像(ローマ国立博物館蔵)

アグリッパと共に、アウグストゥスを支えたもう一人の人物も忘れてはならない。やはり若い頃から親交を結んでいたマエケナスである。アグリッパが軍政面での右腕であったのに対して、マエケナスは文政面での右腕であった。内政や外交に通じていたことから、たびたび仲介役を務めている。

マエケナスは騎士身分に生まれていたが、元老院身分も高位の公職も望まず、ひたすらカエサルの後継者への忠実な助力者であろうとした。このために、マエケナスは「裏で世論をあやつった」「広報担当相」などと言われることもあった。

というのも、マエケナスは、建国叙事詩《じよじし》『アエネーイス』の作者ウェルギリウスや叙情詩人ホラティウスら、多くの詩人たちと交わり、彼らに相当な報酬を与えているからである。これらの詩人たちがマエケナスの言いなりになったわけではないが、無言の圧力があったことは否《いな》めないだろう。ちなみに昨今、芸術文化の後援者を「メセナ」と呼ぶが、それはマエケナスのフランス語流の発音によるものである。

痛恨《つうこん》の敗北

帝国の安泰と秩序の回復を望んだアウグストゥスにとって、何よりも悔《く》いの残る出来事がある。それは、紀元後（以下、表記なし）九年、将軍ヴァルスの率いる三個軍団がゲルマン部族軍に急襲され、壊滅したトイトブルクの森の戦い（ヴァルスの戦いとも言われる）にほかならない。

あまりに悲惨な敗北のために、知らせを聞いたアウグストゥス帝は大きな衝撃を受ける。数カ月にわたって喪《も》に服し、鬚《ひげ》も剃《そ》らず髪も切らず、時には扉に頭をたたきつけながら、「ヴァルスよ、私の軍団を返してくれ」とわめいていたという。

アウグストゥスの基本方針は常備軍の人数を必要最小限にとどめ、国境の安全と国土の平和を確保することにあった。だから、たとえ三個軍団の喪失とはいえ、「ローマの平和」を目指す為政者には、このうえなく悔やまれたのだ。

善人か、悪人か？

アウグストゥスは、私人の時と公人の時ではまるで別人だった。一人の人間としては温情にあふれ、友人思いであった。だが、統治者となると緻密《ちみつ》に計算し、冷淡になり、味方を切り捨てることも厭《いと》わなかった。若きアウグストゥスがアントニウスやレピドゥスとの和解が得策と考えた時、共和政擁護派のキケロなどの友人は冷徹に切り捨てている。

アウグストゥスの冷淡さに、アグリッパは猜疑心《さいぎしん》をつのらせ、田舎に引きこもったことがある。その時、幼なじみの為政者は「アグリッパは自制心に欠ける」と惜しんだ。また、ある陰謀事件が発覚した時、マエケナスがこっそり妻にもらしたことがあった。その時も、「マエケナスは口が軽い」とアウグストゥスは残念がるのだった。公人としては盟友にさえ厳しかったのである。

ほかにもエピソードには事欠《ことか》かない。アウグストゥスが側近の会計係と散歩していた時のこと、突進してきた猪《いのしし》に動転した会計係が、元首を突き飛ばしてしまった。アウグストゥスはこの臆病な不敬者をからかいながら、笑い話ですませている。

だが、手紙の情報を売り渡し、賄賂をせしめた書記がいた時、この男の両足の骨を折ってしまった。また、寵愛していた解放奴隷にすら、自殺を迫っている。この男が上流の既婚婦人と姦通《かんつう》したことが知れたからである。

アウグストゥスはすこしだけ酒を飲み、かなりのギャンブル好きで、大いに女性を好んだ容姿端麗な色男だった。再婚した妻リウィアとは死ぬまで仲むつまじかったというが、生涯にわたって情事の風聞は絶えたことがない。クレオパトラとの関係をとがめられたアントニウスは「この手紙が届くまでに、オクタウィアヌス君は何人の女性と寝ているのだ」と皮肉っている。

私人としては寛容で温厚な人物だったが、公人としては無情で冷酷な支配者だった。この別人二人が同居する人格を、ひょっとするとカエサルは見抜いていたのかもしれない。血縁もさることながら、この為政者に求められる二重人格のような資質は、カエサルには頼もしかったに違いない。個人としては、どこか人を魅了する温《ぬく》もりを感じさせなければならない。だが、統治者は、時には情け容赦なく冷酷でなければならないのだ。

世俗の判断では、しばしば温情なる者が善人であり、冷酷な者が悪人であるという。しかしながら、人間社会は善人だらけでも悪人だらけでもない。善人が時には悪人にもなり、悪人がしばしば善人になることもある。善悪などというものはしょせん曖昧《あいまい》なものにすぎないのだ。

カエサルやアウグストゥスは、そのような善悪のまぎらわしさを自覚していたのではないだろうか。というよりも、善悪を超えたところに、彼らの精神は住んでいたのかもしれない。少なくとも絶大な権力者に上り詰めていくには、善悪の超人にならなければならなかったのだろう。

後継者選び

このようなアウグストゥスの不運と言えば、何よりも後継者に先立たれたことであろう。まず、姉オクタウィアの息子マルケルスがいた（図表4）。前妻との娘ユリアと結婚させたから、アウグストゥスにとっては甥《おい》でもあり、娘婿《むすめむこ》でもあった。前二三年、一九歳での突然の死は、元首一族ばかりか民衆の大きな悲しみでもあった。

未亡人となったユリアは、ほどなくアウグストゥスの右腕アグリッパと再婚する。二五歳の年齢差にもかかわらず、三男二女に恵まれた。長男ガイウスと次男ルキウスはアウグストゥスにとっての孫であり、二人が後継者と見なされた。だが、前一二年、夫アグリッ

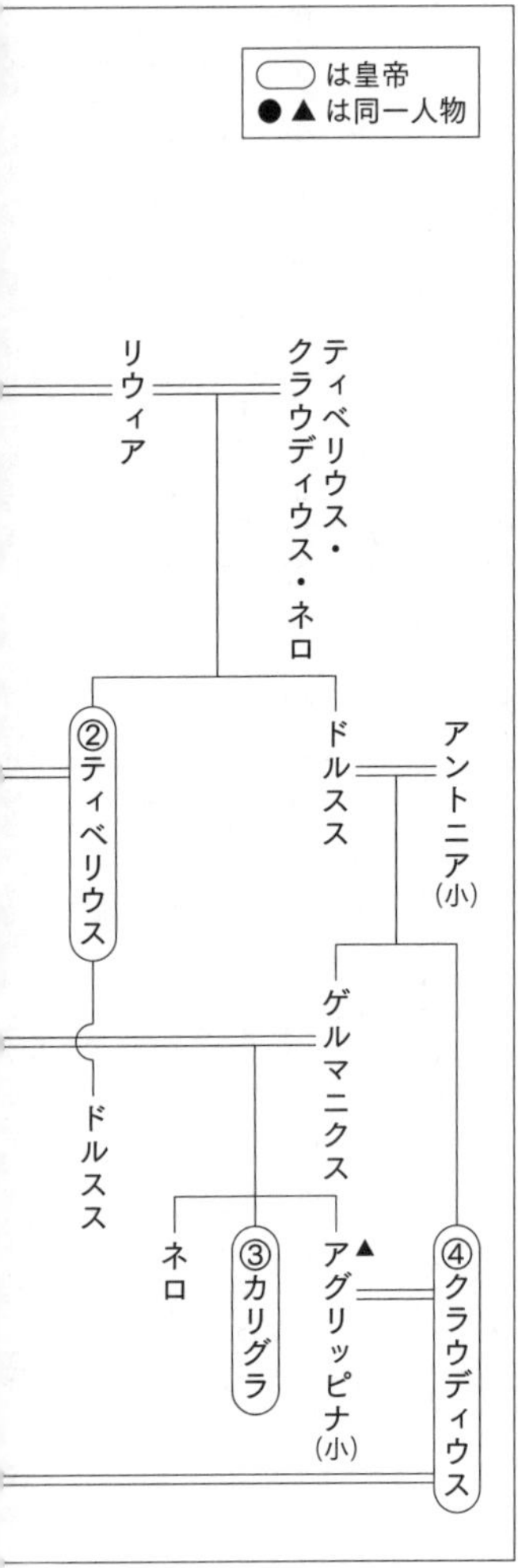

図表4 ユリウス・クラウディウス家

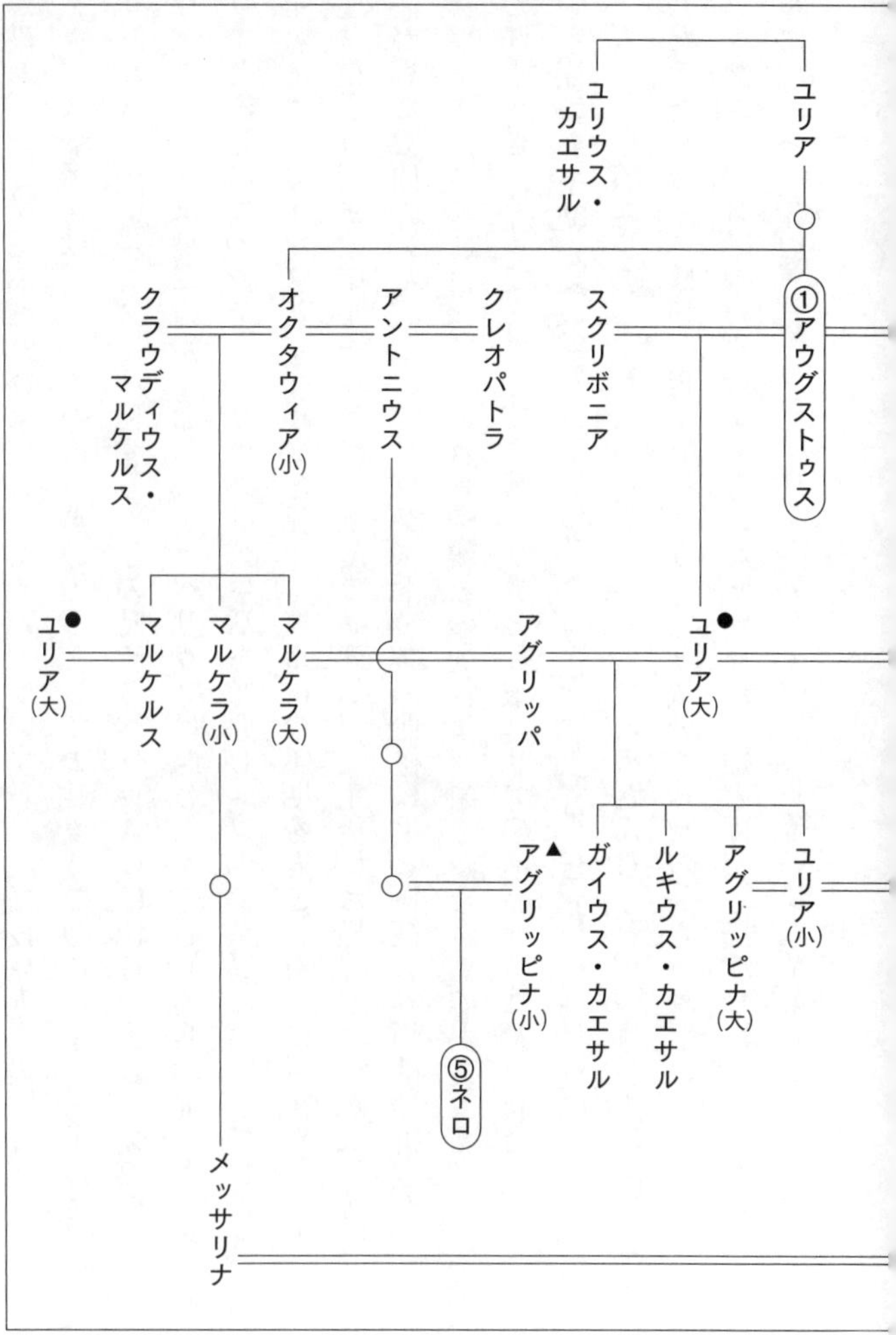

パが没し、ユリアはふたたび未亡人となった。幼い皇子二人は後見人を失った。

アウグストゥスは、ユリアの再々婚の相手として妻リウィアの連れ子《つれこ》の息子たち、兄ティベリウスと弟ドルススに注目する。この時ティベリウスには仲むつまじい愛妻がいた。アウグストゥスは彼に離婚を命じ、ティベリウスは怒りながらもしぶしぶ従った。やがてユリアと不和になったティベリウスは公生活を嫌悪し、ロードス島に隠棲《いんせい》してしまう。

それでも、ガイウスとルキウスの兄弟は無事に少年期を過ごしたかに見えた。しかし、不運は重なり、まず弟ルキウスが一九歳で病死し、二年後には兄ガイウスが二三歳の時、戦傷がもとで他界した。ここでアウグストゥスの血縁による後継者計画は挫折した。

アウグストゥスにとって、これら肉親との死別より耐えがたいものがあった。それは肉親の恥ずべき行状《ぎょうじょう》であり、特に娘ユリアと孫娘ユリアの不品行には頭を痛めた。

娘も孫娘も糸紡《いとつむ》ぎや機織《はたお》りに習熟させ、厳格にしつけたのに、裏目に出てしまったのだ。もっとも娘ユリアにすれば、夫ティベリウスにうとんじられ、夫は勝手に隠棲してしまったのだから、私は私の勝手でしょうという気分だったのかもしれない。

アウグストゥスは娘の処刑まで考えたというが、娘も孫娘も島流しにした。彼女たちの話題になると、「結婚していなければよかったのに。していても子どもを産まずに死んでいればよかったのに」とつぶやくのが口ぐせだったという。

　ところで、夫にとっての悲運が妻にとっては幸運ということもある。アウグストゥスは血縁の後継者をことごとく失ったのだが、それは妻リウィアにとって、実子ティベリウスに帝位を継承させるための道を開くことになった。実際、孫のガイウスが死去したのち、ティベリウスはアウグストゥスの養子に迎えられ、後継者と目《もく》されるようになる。この時ティベリウスはすでに四五歳であった。

写真16 リウィア

リウィア像（ルーヴル美術館蔵）

　いくつも残るリウィア像（写真16）を見ると、愛くるしいものがある。美形というよりもどこか男の心をほっとさせるのである。なるほど、アウグストゥスの愛妻かとうなずいてしまう。それと共に強い意志を秘めていることも感じさせる。みずからは貞節であり敬愛されながらも、夫の浮気を黙認していたのだから、ひとかどの女性ではない。

　それも、連れ子の実子であるティベリ

ウスとドルススの立身出世をおもんぱかってのことだった。特に、ティベリウスの帝位継承にはひたすら尽力したに違いない。それだけではなく、アウグストゥスの国政にもかなりの影響力を持っていたという。夫を助ける忠実な妻である反面で、巧妙な策略家であったことは否定できない。「女オデュッセウス」と揶揄されたが、核心を突いた言葉であろう。

私人と公人とをたくみに使いわけたアウグストゥスは、カンパニア旅行中、病《やまい》に倒れ、ナポリ近郊の街ノラで最期の日を迎える。

彼は、「この人生という喜劇で、私は自分の役を上手に演じたと思わないか」と友人たちにわざわざたずねたという。そして、役者が終幕に語るおきまりの口上を付け足した。「この芝居がお気に召《め》したら拍手喝采を。そして、ご満足でお引き取りを」

やがて、すべての側近を遠ざけ、愛妻リウィアの両腕に抱かれながら「リウィアよ、われわれが共に過ごした日々を忘れずに生きておくれ、さようなら」と告げ、安らかに息を引き取った。一四年八月十九日、七五歳だった。

IV
最盛期

最盛期のローマ

五〇〇年にわたる共和政（図表5）の伝統は、たとえ元首といえども、あからさまに無視することはできなかった。共和政という都市国家の建前を踏まえて、個人支配を正当化するにはことさら工夫がいる。

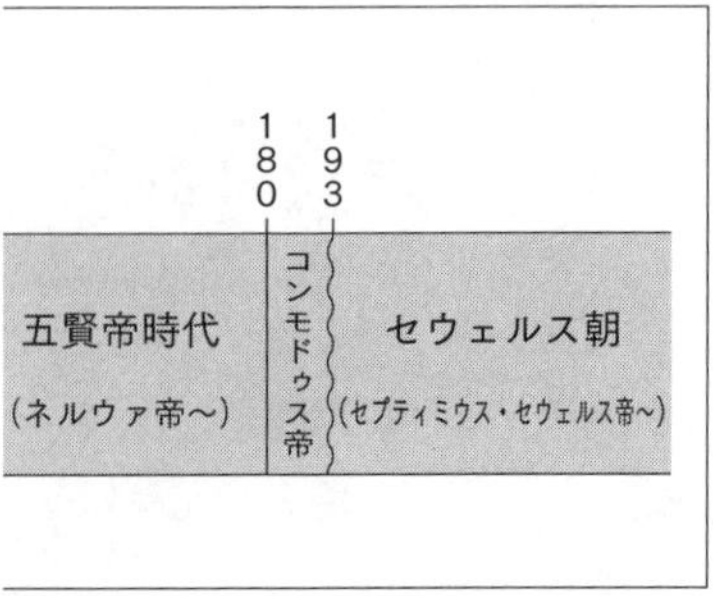

アウグストゥス帝はあくまでローマ市民の筆頭にすぎないと装いつつ、君主や皇帝などと呼ばせることはしなかった。だが、実際はやはり超絶した実力者であった。彼は長寿に恵まれ、国政と軍事の諸制度を整えたので、皇帝権力の基盤はほぼ確かなものになった。

続くティベリウス帝は財政を引き締め、属州の安定に努めたが、横暴な側近の謀殺後、元老院議員の粛清が相次ぎ、専制支配を強めた。特に、人々の嘱望を集めた**ゲルマニクス**の存在は忘れるべきではない。

図表5 ローマ帝国の変遷①

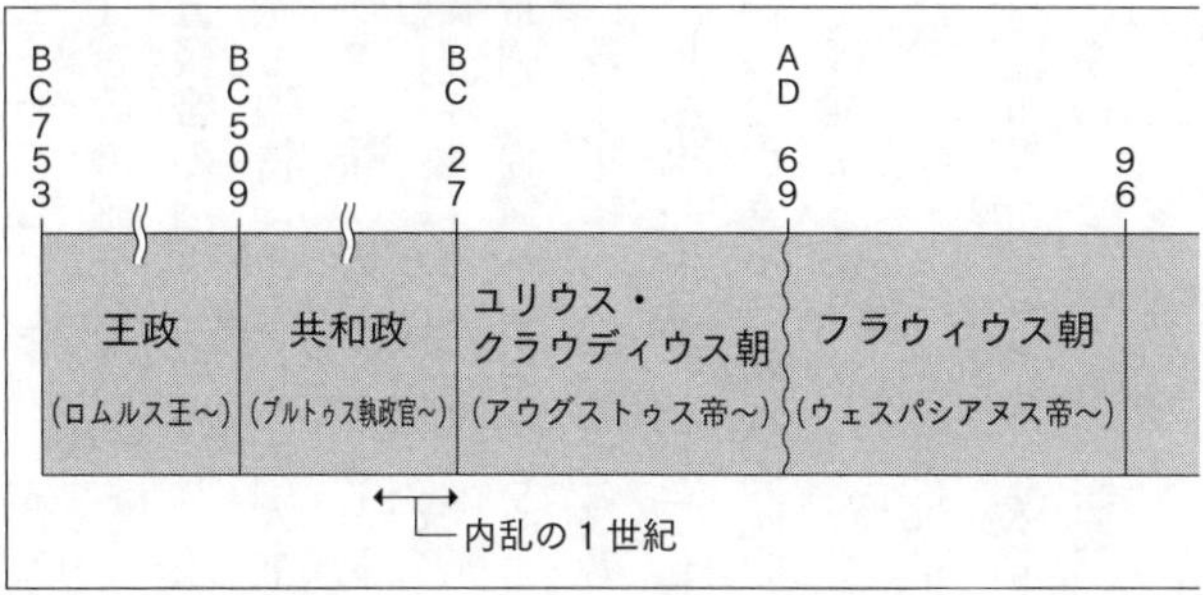

その実子カリグラ帝は、オリエントにならう神君政《しんくんせい》へと傾いたが、狂気の行状がわざわいして暗殺された。実弟クラウディウス帝は、官僚機構を整備し思慮深い統治に努めたが、側近や后《きさき》の専横を招き、暗殺されるはめになった。孫の**ネロ**帝は、当初は補佐役に恵まれ善政を実現したが、しだいに独善的になり、母親や側近を謀殺する暴君として反感を招き、自殺に追い込まれてしまう。ここに、五代にわたるユリウス・クラウディウス家の血筋は途絶《とだ》え、帝位をめぐる内乱が起こる。

六九年、その混乱を収拾したのはフラウィウス家の**ウェスパシアヌス**帝である。彼は財政の再建、法制の整備、国境防備の強化に努め、属州出身者の元老院への参加なども積極的に進めた。続くティトゥス帝は、慈善的な施策で人気が高かった。ドミティアヌス帝は、厳正な姿勢を崩《くず》さなかったが、元老院を軽んじた恐怖政治への反感で暗殺されてしまう。こうして、三代にわたるフラウィウス朝も断絶した。

元首政の確立後ほぼ一〇〇年、やがて啓蒙史家ギボンが「人類史の至福の時代」と讃えた**五賢帝**《ごけんてい》の治世を迎える。圧政後の解放感のなかで元老院との協調に努めたネルウァ帝、威厳と温情にあふれた軍人上がりのトラヤヌス帝、属州巡回に心を砕いた芸術家肌のハドリアヌス帝、野心のなさと篤実《とくじつ》さで敬《うやま》われたアントニヌス・ピウス帝、国境混乱と疫病《えきびょう》蔓延の苦境にありながら誠実に生き抜いた哲人《てつじん》マルクス・アウレリウス帝が君臨した。

帝国の安寧と繁栄をもたらす多神教世界帝国には、**ガレノス**のような医学の巨人もおり、数十年にわたって為政者のいる宮廷で重きをなした。

二世紀末の混乱のなかで**セウェルス**（セプティミウス・セウェルス）が覇権を握る。それ以後のセウェルス朝は伝統的秩序に重きを置かず、軍人の優遇に努め、皇帝と軍隊の結びつきは強まるばかりだった。

二一二年、カラカラ帝は帝国領土内の全自由人にローマ市民権を与える。それはある意味で、世界帝国の成熟を象徴する出来事だった。それにもかかわらず、たまたま兵士への配慮を怠《おこた》ったばかりに暗殺の憂《う》き目《め》を見る皇帝がおり、セウェルス朝も滅んでしまう。

ゲルマニクス——夭逝《ようせい》した理想のプリンス

ゲルマニクス・ユリウス・カエサル（前一五〜一九年）

アウグストゥス死後のローマ

初代皇帝アウグストゥスの死後、五五歳のティベリウスが即位する。彼は堂々とした体軀に恵まれ、背も高かった。数々の軍功に輝く有能な武将であり、教養も学識もあり、かつては愛妻家でもあった。だが、いつも厳しい表情をしており、打《う》ち解《と》けて話すこともない。寡黙《かもく》であったばかりか、冷淡で傲慢な印象を与え、およそ人に好ましく思われなかったらしい。

この二代目元首の就任から五年の歳月《さいげつ》が過ぎた時、ゲルマニクス（写真17）という青年貴族が不慮《ふりよ》の死を遂げた。享年三三歳。この青年の父ドルススはティベリウスの弟であり、母アントニアは、先帝の姉オクタウィアと政敵アントニウスとの間に生まれた娘である。血統はもはや文句のつけようもないものだった。

一国の華やかな権威を彩《いろど》るような人物が突然に死去すると、思いがけないことになる。

醜聞作家でもある歴史家スエトニウスの筆は走る。

「ゲルマニクスの亡くなった日には、神殿に石が投じられ、神々の祭壇はひっくり返される。何軒かの家からは、家の守護神ラレスの像が道路に投げ捨てられ、妻の産んだばかりの赤子《あかご》も外に置き去りにされる」(スエトニウス「カルグラ伝」五『ローマ皇帝伝』)

あまりにも突然の死に、民衆の悲嘆と怒りが炸裂《さくれつ》した。彼らの悲痛と憤怒《ふんぬ》は不死なる神々にも向けられ、神々の授けた生命すらも拒否されたのだ。このような露骨《ろこつ》きわまりない暴動は滅多になく、ゲルマニクスの人気はひとかどではない。それほどまでに人々に慕《した》われていたゲルマニクスとは、いかなる人物であったのだろうか。

サラブレッド

まずは家柄がいい。父方《ちちかた》からクラウディウス氏族の血を受け継ぎ、母方《ははかた》はユリウス氏族の血に連なる。まさしく名門中の名門である。さらに、ゲルマニクスの妻は先帝アウグストゥスの孫娘アグリッピナであった。これほど帝位の継承者にふさわしい人物はいなかった。実際、ゲルマニクスはすでに先帝の命令でティベリウス帝の養子に迎えられ、その後継者と目されていた。

先帝の晩年、ゲルマニクスはローマを離れ、北方のゲルマニア戦線で軍隊を指揮していた。アウグストゥスの訃報が入ると、軍隊の間に恩赦を期待する動揺が広がる。労苦を嫌がる卑賤《ひせん》な連中が口火を切り、悲惨な現状を訴え、もっと早い除隊と給金の値上げを叫んだ。兵たちは凶暴になり、恨《うら》めしい上司である百人隊長（ケントゥリオ）を次々と急襲する。暴動は広がり、ゲルマニクスに同行してきた妻子にも危険が迫った。ゲルマニクスは取り巻く兵士たちに語りかける。

写真17 ゲルマニクス

ゲルマニクス像（マッシモ宮博物館蔵）

「数多くの勝利を重ね、褒賞《ほうしよう》をたくさんもらったはずだ。なのに、おまえたちはなんという晴れがましい感謝の念を将軍に捧《ささ》げてくれるのか。いっそのこと死んでしまえば、こんな破廉恥な兵が私の部下だったと知らずにすんだのに。今や顔も魂もすっかり変わりはてたおまえらよ。元老院に権威を、元首に恭順を、私に妻子を戻す気があるなら、謀反の伝染から身を引き、扇動者《せんどうしゃ》を引っぱり出せ」（タキトゥス『年代記』I—42〜43）

この言葉に兵士たちは感じ入り、頭を下げて非を認めた。彼らは心を入れ替え、いそいそとしりぞいた。こうして、暴動は鎮静する。

やがて、ゲルマニクスは軍隊を率いてライン川を越え、ゲルマニアの奥深く侵入した。戦闘に次ぐ戦闘が続く。ほどなく、六年前トイトブルクの森でローマ軍が壊滅した戦場跡にたどりつく。ローマ軍は三個軍団の軍旗が奪われていたが、そのうちの二旗を取り戻した。さらに、散乱していたローマ兵の屍《しかばね》を手厚く葬ることもできた。

北部辺境の戦況が好転するにつれ、兵士たちのゲルマニクスへの信頼は厚くなる。武勲を挙げれば挙げるほど、民衆は熱狂的に迎えた。いずれの街に立ちよっても、歓迎の群衆が押し寄せ、押しつぶされそうな時さえあった。

ゲルマニクスの人気は、有能な武人ということだけではない。なにしろ、眉目秀麗《びもくしゅうれい》にして長身で見栄《みば》えもいい。学識もあり、雄弁でありながら、それをひけらかすふりもない。人並みすぐれて勇敢であり、このうえなく温かく他人に接する。誹謗《ひぼう》する者にすら傷つけないように心を配るほどだった。だから、人々は感謝を惜しまず、彼もまた期待に応《こた》えたのである。

美徳と勇気にあふれる若者であれば、ますます愛され嘱望される。周囲の者が放っておくはずがない。だからこそ、アウグストゥス帝は、高齢のティベリウスの後継者としてゲルマニクスに未来を託したのだろう。

突然の死

しかし、このゲルマニクスにしてもローマ帝国領をライン川の東に広げることはできなかった。ティベリウス帝はゲルマニクスをローマに呼び戻す。ゲルマニア侵攻作戦は打ち切られた。

ローマに帰還したゲルマニクスは、晴れやかな凱旋式を行なった。民衆が熱狂的に歓迎し、慕《した》えば慕うほど、時の最高権力者は胸騒ぎを覚えずにはいられない。ティベリウス帝は、うとましかったのかもしれない。ほどなく、ゲルマニクスは属州問題処理のために東方に派遣された。

ギリシア、トラキア、小アジアの諸都市を訪れ、ローマ人由来の伝説の地トロイヤなどの名所旧跡にも足を運ぶ。どこもかしこも、まるで凱旋行進のような出迎えだった。ところが、シリアに到着すると、総督ピソが意地悪く立ちはだかった。反《そ》りが合わないばかりか、元首の許可を必要とした豊穣の地エジプトを許可なしで訪れると、難癖《なんくせ》をつけられた。

だが、属州民にとってゲルマニクスは、アレクサンドリアの飢餓《きが》を救済してくれるなど、救世主でもある。ゲルマニクスの人気は高まらないわけがない。やがてシリアのアンティオキアに戻ると、総督ピソとの溝《みぞ》はますます深まる。

そのようななか、ほどなく病《やまい》に倒れた。一時回復の兆《きざ》しもあったが、しばらくして息を引き取る。訃報が届くと、故人を讃美し、追慕する民衆は悲嘆にくれた。身近に見た属州民はなおさら涙を流し、異国の王も民も愛惜《あいせき》した。それどころか、敵の蛮族《ばんぞく》すら休戦して、その不幸を悼《いた》んだと伝えられている。

そして、どこからともなく、ゲルマニクスは毒殺されたという噂が流布する。その噂はもっぱら、犬猿の仲だった総督ピソが手下《てした》に毒殺させたことになっていた。やがてピソは殺人罪の嫌疑をかけられ、とどのつまり、自殺に追い込まれる。

さらに、裏でピソをあやつっていたのはティベリウス帝ではないかという風聞も絶えなかった。事《こと》の真相は確かめようもない。人目に触れるところで、ティベリウスは愛惜の念を惜しまなかった。だが、その死を願ってやまない者こそ、誰よりも大げさに愁嘆《しゅうたん》にくれると人々はささやくのだった。

歴史家タキトゥスは、外貌《がいぼう》も享年も死に方も似ていることから、アレクサンドロス大王の運命になぞらえた。


「なぜなら、二人とも端麗な容姿と高貴な家柄に生まれ、三〇を超えることわずかにして、身内の悪だくみにかかり、異郷の地で倒れたからだ。でもゲルマニクスは、友人にやさしく、快楽を控え、一人の妻で満足して嫡子《ちゃくし》のみを産む。確かに、彼は大胆さを欠いていた。そのため、あれほどたびたび勝って撃退しながら、とうとうゲルマン人を奴隷の軛《くびき》にかけることができなかったのだ。それにもかかわらず、大王にけっして引けを取らぬ武人であった。もし、彼が一人で万事を裁量できる王のような、権限と名称を与えられていたら、寛大、中庸《ちゅうよう》、その他の美徳で、確実に大王を

凌駕《りようが》していたように、戦争の光栄でも、きっと匹敵しえたであろう」(タキトゥス『年代記』Ⅱ-73)

その死がローマにもたらしたもの

あまりにも前途有望であったから、ゲルマニクスの死後もその人気は衰えを知らなかった。史料は明確に語るわけではないが、その後の数十年の歴史はまるでゲルマニクスの亡霊にひきずられるかのようであった。

ティベリウスが亡くなると、ゲルマニクスの実子カリグラが元首になる。カリグラが短い命を奪われると、ゲルマニクスの実弟クラウディウスが帝位に祭り上げられる。その死後は、ゲルマニクスの娘アグリッピナの実子である孫のネロが帝位に就くのである。

多くの民衆は、ゲルマニクスのなかに理想の英雄としての皇帝像を夢見ていたに違いない。ティベリウス治世の五年目(一九年)三三歳にして夭逝したために、ゲルマニクスへの民衆の思慕はますますかきたてられていった。この時、弟クラウディウスは二八歳、実子カリグラは七歳であった。

歴史に「もし」は許されないという。だが、「もしゲルマニクスが天寿を全《まつと》うしていたなら」という夢想はふつふつと湧《わ》き上がる。もちろん、美徳あふれる人物がずっとそのままでいるとはかぎらない。突然のごとく仮面を脱ぎ捨て、悪行に耽《ふけ》ることもある。そもそも、それほどの器《うつわ》ではないこともある。

とはいえ、彼が為政者としても民衆が熱望するような人物であったら、歴史は大きく塗り替えられたかもしれない。しかし、現実の歴史はそうはならなかった。

ネロ——気弱《きよわ》な犯罪者だった暴君

ネロ・クラウディウス・カエサル・アウグストゥス・ゲルマニクス（三七〜六八年）

猛母《もうぼ》

ローマ人の社会では、男児が生まれると九日目に命名するのが慣習だった。新生児のネロ（写真18）の母アグリッピナは、皇帝である兄カリグラに命名してくれるように頼んだ。彼は、同席した叔父のクラウディウスの顔をちらっと見て、「叔父さんの名にちなんだらどうか」と答えたという。アグリッピナは拒《こば》んだ。その頃、ゲルマニクスの弟である叔父は、宮廷で笑われ者だったからだ。

もちろん、カリグラは冗談のつもりだっただろう。だが、これはできすぎた歴史の皮肉になる。クラウディウスはのちに皇帝になり、アグリッピナはその四人目の妻として嫁ぎ、彼女の連れ子ネロはクラウディウスの養子になったからだ。

皇帝の養子となることは後継者を意味し、たやすいことではない。なんといっても、クラウディウスには、先妻との間に生まれた実子ブリタニクスがいて寵愛していた。

写真18　ネロ

ネロ像（ナポリ国立考古学博物館蔵）

そもそも近親婚を制限したローマ人の法慣習からすれば、叔父と姪の結婚は違法である。しかし、アグリッピナを憎《にく》からず思っていたクラウディウスは、法を改定してまで姪と結婚する。若い頃から女性を溺愛《できあい》しやすい性質だったらしい。

だが、それにつけこんだ皇妃アグリッピナはさらに凄腕《すごうで》だった。皇帝の実子ブリタニクスをさしおいて、ネロを皇帝の後継者にしようと画策する。

まずは、クラウディウスの実娘オクタウィアとネロを結婚させる。それでも病身の夫の死を待てず、ついには毒殺してしまったという。もともと叔父を好きではなかったのだから、ありうる話である。五四年、クラウディウス帝の治世一四年目の秋だった。

もともと、アグリッピナはネロの教育に余念がなかった。島流しになっていた哲学者セネカを呼び戻させ、ネロの家庭教師にする。やがて為政者として君臨させるために高い教養を身につけさせたかったのだろう。

母親殺し

暴君の代名詞のごときネロも、治世当初の五年間は元老院と協調して善政を布いたという。といっても、一六歳の若輩者が最高権力者になったのだから、およそ政治的判断力などありようもない。ひとまず、偉大なるアウグストゥス帝の先例にならうことを高らかに宣言する。

彼は、民衆に恩恵をほどこす機会を惜しまなかった。税を軽減するばかりか、民衆に金を分配し、困窮した元老院身分の者には年俸を出すとまで言い出した。さらに、死刑執行で元首の署名を頼まれた時、「字の書き方を知らなければよかったのに」と、しおらしい台詞を吐くほどだった。

当代一流の哲人セネカと勇敢な親衛隊長ブルスの補佐もあり、慎重で温厚な統治であったかもしれない。だが、見栄えがいい人気取りのための善政では、国家財政は破綻が避けられない。

クラウディウス帝の死から半年も経たずに、実子ブリタニクスは毒殺された。その存在は何かと目障《めざわ》りだったから、アグリッピナに脅《おど》され、ネロが毒を盛《も》らせたのかもしれない。それだけではない。事《こと》もあろうに、その五年後には母親アグリッピナをも殺害する。何かと国政に口出しするのがうとましかったらしい。

母親にすれば、幼子《おさなご》の頃は甘えん坊で、しかも手練手管《てれんてくだ》を尽くして皇帝にしてやったのに、理不尽な災厄《さいやく》だったに違いない。ネロは、船上にいるアグリッピナの海難事故に見せかけようとしたが、泳ぎの達者な母親は岸にたどり着いてしまう。しかし、別荘に逃れたところで、刺客《しかく》の刃《やいば》に倒れた。この「母親殺し」は、おびただしいネロの悪行のなかでもきわめつけであった。

義弟、実母に次いで、二人の妻も殺されている。クラウディウス帝の実娘オクタウィアは、ネロの最初の妻である。やがてネロは、夢中になった美貌の人妻ポッパエアにそそのかされる。オクタウィアに不義の冤罪《えんざい》を着せて流刑《るけい》にし、幽閉して処刑してしまう。

再婚したポッパエアも、幸運であるはずがなかった。癇癪《かんしゃく》を起こしたネロは、身重《みおも》のポッパエアを蹴《け》り、それがもとでポッパエアは死ぬ。過失致死だったとはいえ、ネロの性格が招いたことに違いはない。

さらに、側近の勇将ブルスも哲人セネカもうとましくなると、自害に追い込んだ。

悪行の数々

ネロは芸術家を気取っていたという。それだけに、「趣味の審判者」の異名を持つペトロニウスに一目《いちもく》置かざるをえなかった。やがて陰謀事件が発覚すると、嫌疑のかかったペトロニウスは自害を強《し》いられる。おそらく無実だったが、何かとネロに信頼されるペトロニウスに嫉妬する連中がいたのだろう。

だが、ペトロニウスも一筋縄ではいかない人物だった。優雅な遊蕩児《ゆうとうじ》を自負するペトロニウスは手首を切るが、死の間際《まぎわ》にあっても冗談を飛ばしていたという。ネロが欲しがっていた華麗な壺《つぼ》を木《こ》っ端《ぱ》微塵《みじん》に壊《こわ》させ、ネロにあてつける。また、遺言状をネロに改竄《かいざん》されないように、印章つきの指輪もたたきつぶさせる。そして、元首への侮蔑の念を露《あらわ》にして、潔《いさぎよ》く死んだという。これこそ、ローマ人の気概というものだろう。

歴史家タキトゥスがこよなく讃えた名将が、コルブロである。彼は元老院身分であり、クラウディウス帝時代にゲルマニア遠征でめざましい戦果を挙げた。ネロの治世になると、東方の属州に滞在して軍規を正し、アルメニアを制圧する。隣接するパルティアとの講和も成し遂げ、東方では英雄と崇《あが》められるようになった。

コルブロには、堂々たる風采《ふうさい》に毅然たる精神も備わっていた。その人気は、ネロ帝には危険きわまりないものだった。ふたたび陰謀事件が発覚すると、多くの元老院貴族が処刑され、コルブロにも自害が命じられた。この嫌疑は、コルブロをネロ帝が妬《ねた》んだものに違いない。

暴君ぶりのきわめつけは、後世に名高い「キリスト教徒の迫害」であろう。六四年、ローマ市街で火災が起こる。火炎はまたたくまに市街全域におよび、数日数夜、燃え続けた。ようやく鎮火すると、火災の原因をめぐって噂が飛び交《か》う。

民衆のなかには、ネロが放火を命じたと言いふらす者も少なくなかった。日頃から首都を美しく再建する計画を口にしていたから、その風聞は根拠のないことではなかった。ネロは火災の時、遠くの丘上から夜景の大火炎に見とれて、詩歌《しいか》を奏《かな》でていたと吹聴する者すらいたという。

事《こと》の真偽はともかく、もはや身代わりの放火犯をでっちあげるほかはなかった。狙われたのは新興宗教のキリスト教徒だった。どこか得体《えたい》も知れず不気味《ぶきみ》だったから、人々は半信半疑ながら、成り行きを見て見ぬふりをするしかなかった。ほどなく逮捕者が続出し、彼らは十字架刑にかけられ、火で燃やされて果てた。

のちに伝説化された誇張があるとはいえ、暴君の代名詞に似つかわしい悪行である。

元老院の反発と民衆の人気

実《じつ》のところ、側近や元老院貴族には、反感と憎悪が煮《に》えたぎっていた。しかし、ネロ帝は民衆には好まれ、人気があった。凝《こ》った衣装で民衆の前に登場し、大盤振る舞いをする、芸術家気取りで目立ちたがりやの元首に、民衆は喝采を惜しまなかった。

そのせいで乱費に乱費が重なり、財政は破綻寸前になる。その穴埋《あなう》めに、富裕者や貴族を追放したり処刑したりして、財産を没収する。そして、また気前よく散財するのだから、退屈した民衆にはたまらなかっただろう。

このようなネロ帝の放漫《ほうまん》財政を高く評価する経済学者もいないわけではない。二十世紀を代表するケインズ経済学によれば、積極的財政支出が有効需要を喚起《かんき》し、景気を浮揚させるという。そうだとしても、景気が拡大して好況が続き税収が増えるまで、もはや時間は残されていなかった。それよりも早く、奇行を重ねる破廉恥漢《はれんちかん》の為政者への不満が炸裂したのである。

ネロはあまりにも、元老院と軍隊を無視しすぎていた。六八年、悪行のかぎりを尽くした最高権力者に反旗をひるがえし、各地の軍隊が立ち上がる。失脚したネロに、元老院は公敵を宣言する。追手が迫り、もはや逃げ場を失ったネロは、みずから首に剣を突き立てて果てた。享年三〇歳、「この世《よ》から、なんと偉大な芸術家が消え去るのか」という言葉を残した。

しかし、民衆には相変わらず人気があり、死後数年経っても、墓前には色とりどりの花々が供えられていたという。

それにしても、義弟はおろか実母も殺し、二人の妻をも死に至らしめ、そればかりか、有能な側近や軍人までをも次々と処刑したり自害させたりしながら、ただひたすら民衆に迎合し、政治が混乱しても民衆の人気ばかりを気にしていた。

ネロはあの人望厚いゲルマニクスの孫にあたるだけに、その末路はかえって痛ましい。権力を奪われる不安におびえていただけの気弱な青年だったかもしれない。その強迫観念をしりぞけるかのように、ネロは類稀《たぐいまれ》な犯罪者となった。まるで犯罪という名の芸術にあって、偉大なる天才であることを誇示するかのように。

ウェスパシアヌス――吝嗇《りんしょく》な皇帝の贅沢《ぜいたく》なプレゼント

ティトゥス・フラウィウス・ウェスパシアヌス（九〜七九年）

乱れた時代のあとで

ローマの歴史家はギリシアの歴史家に比べて高い水準に達することができなかった、と言われる。確かに、ローマの歴史家は著名人の心理を推測することに傾きがちだった感がある。主観的な叙述にすぎないとの指摘や、適切な問題提議をしていないとの批判もあるが、その根底にあるのはローマ人のまなざしではないだろうか。

しかし、次のタキトゥスによる叙述はまさに問題の発見であり、その例外だろうか。

「しかし厳格な風紀を作り上げた最大の功労者は、ウェスパシアヌス（写真19）である。本人からして、その生活態度や服装が古風であった。そのため、この元首に対して恭順の念が生まれ、そして法にもとづく罰則やその恐怖心よりも効果的な、見習うという熱烈な欲望が起こったのである。もっとも、これとは別の解釈もできるであろう。つまり、すべての事象のなかに繰り返される営《いとな》みのようなものがあって、ちょうど四季がめぐるごとく、風俗習慣も変遷していくからだと。実際、祖先の習慣が、あらゆる点で今日《こんにち》よりすぐれて立派だったわけではない。われわれの時代にも、後世模範とされるべき高貴な性格や才能の手本が、たくさん生まれている。いずれにせよ、こういった面でのわれわれと祖先の名誉ある競争は、いつまでも残しておきたい」(タキトゥス『年代記』III-55)

写真19 ウェスパシアヌス

ウェスパシアヌス像(ナポリ国立考古学博物館蔵)

ネロ帝の死に至るまで、世《よ》は贅沢と放縦《ほうじゅう》の風潮に満ちあふれていたが、その後、古来の厳格な風紀がよみがえったかのようだ、とタキトゥスは指摘する。その原因として、名だたる貴族や富豪が悪習に染《そ》まり、輝かしい名声を失い、破滅を招いたのだという。

確かに、かろうじて生きのびた貴族たちは、慎《つつ》ましく控えめな生活態度を身につけていた。また、イタリアや属州の各地から元老院貴族に加入した人々は、故地の質素な生活を持ち込んだ。

皇帝になる条件

ネロ帝の死後、さまざまな身分や階層の人々が思惑をめぐらしていた。今や、皇帝はローマで担ぎ出される必要はなく、ほかの土地でもかまわない。そして、各地で皇帝擁立の動きがさざめく。イベリア半島からは老いた貴人ガルバが、それを支持しながら反旗をひるがえした気取り屋のオトが、そしてゲルマニア軍団に擁立された大食漢ウィテリウスが出現した。

およそ一年にわたる騒々しい内乱を収拾したのは、ドナウ軍に擁立されたウェスパシアヌスであった。ウェスパシアヌスの出たフラウィウス家は、ローマからほど遠くないサビニ地方の田舎町の名家である。ローマ皇帝になるとは、本人も夢にすら思っていなかっただろう。

ローマ人の格言に「権威をもって統治せよ」がある。ところが、もはや高貴な家柄であることも、元老院貴族として傑出していることも求められないことが、六九年の内乱で露《あらわ》になった。

人々がうすうす感じ始めていたのは、権威の基底に軍事力があることである。だから、軍隊をよく知っていることは、まずもって肝腎《かんじん》なのだ。田舎貴族にすぎないウェスパシアヌスがみずからを吹聴しても、笑ってすまされる時代が来ていた。それよりも、軍隊経験が豊富なことが重んじられたのだ。

ウェスパシアヌスには、どこか憎めないところがある。兄は早々と元老院身分を得たのに、ウェスパシアヌスは長く気乗りせず、母親に叱責されてしぶしぶ最高身分になったという。この母親というのが、ウェスパシアヌスを嘲《あざけ》りながら尻をたたいて従わせるようなタイプだったらしい。そのせいで、息子は物怖《ものお》じしない我慢強い性格になったのかもしれない。今日《こんにち》、体罰教育は否定されているが、そうとも言い切れない事例もあるらしい。

彼はすでにティベリウス帝とカリグラ帝のもとで公職にあったが、目立つのはクラウディウス帝治世下、ブリタニア遠征の一個軍団の指揮を任された時からである。この地で武勲を挙げ、最強部族とその周辺の部落を制圧している。

その後、ネロ帝治世時に一時不遇《ふぐう》をかこったが、属州ユダヤの反乱を鎮圧したことで、その名誉は回復された。猜疑心の強いネロも、ウェスパシアヌスが平凡な家柄の出身ゆえ、一個軍団ぐらいなら任せてもいいと思ったのだろう。

ほかにも属州各地をめぐるなど、地方生活も長かった。しかも、軍隊経験が豊富で、経歴を重ねる。この泥くさい軍人はまさしく、家柄が重んじられない時世のはまり役だった。

ウェスパシアヌス自身は、金銭に執着したことを非難されることがある。しかし、私腹を肥《こ》やすというより、根っからの節約家であり、とがめられるほどではなかった。その外見は均整の取れた背格好で頑強であり、見るからに無骨《ぶこつ》な顔をしていた。

そのウェスパシアヌスに恋《こ》い焦《こ》がれた女がいた。宮廷に連れ込んで同衾《どうきん》すると、大金を贈る。それを快く思わなかった国庫会計係から出費の理由をたずねられると、「余《よ》に深情《ふかなさ》けをかけてくれたことへの謝礼だよ」と答えたという。

およそイケメンとは言えない皇帝に尽くしてくれたのだから、国家への奉仕に値《あたい》するというわけだ。ユーモアある、しゃれでかたづけるのが好きだったらしい。

新体制

ネロ帝は多数の元老院貴族を処刑し、財産没収もした。さらに一年にわたる内乱の戦禍は、ひどい荒廃をもたらした。そうした混迷により、古来の名だたる貴族は血脈を失い、消滅しつつあった。

だからといって、新しい統治機構が模索されたわけではない。求められたのは、新しい人材であった。古い公職序列の道を、新進の人々に歩いてもらうのである。地方出身の新興貴族であったウェスパシアヌスのまわりには、その種の人材に事欠《ことか》かなかった。縁故《えんこ》ある人々や知人・友人がおり、その配下には子分たちもいた。それらの人々から、有能な人材を重用《ちょうよう》すればいいのである。

だから、新体制だからといって、目ざましく改善されたとは感じられなかった。とはいえ、財政を引き締め、風紀を取り締まった。ウェスパシアヌス帝その人は公明正大で気取りもなく、温厚だったが、妥協を許さない確固たる姿勢で臨《のぞ》んだ。このようにして、新体制は多くの困難を切り抜けていった。

強欲なほどの締まり屋だったから、公衆便所を設けて税を徴収することを思いつく。当時、尿は染料を塗った衣類を洗うのに効果があり、売り物でもあった。このため、トイレの汲《く》み取り業者に課税して、徴収したのだ。それにちなんで、現在でも街頭の公衆便所をイタリア語で「ウェスパシアノ［vespasiano］」と呼ぶほどである。

パンとサーカス

だが、ただひとつだけ、ウェスパシアヌス帝はとてつもない贅沢なプレゼントを与えた。古代ローマを代表する、あのコロッセオ（写真20）である。締まり屋のウェスパシアヌスが巨大な円形闘技場を建設しようとしたのだから、おもしろい。偉大なるアウグストゥス帝がローマ市街の中心地に円形闘技場を造ろうという計画をいだいていたことに、彼が気づいたからだという。

当時の人々は、この闘技場をウェスパシアヌスの氏族名にちなみ、フラフィウス円形闘技場と呼んでいた。ここを舞台として、史上唯一の公認殺人ゲームとでも言うべき剣闘士試合が繰り広げられた。もっとも、完成したのは息子のティトゥス帝の時だったが。ローマ人はコロッセオを仰ぎ見ながら、もはや世界七不思議のいずれにも負けないほどの壮麗な建造物を手にした、と誇らしく思ったという。

しばしば「ローマの平和」を表わす言葉として、「パンとサーカス」が挙げられる。パ

写真20 コロッセオ

周囲527 m、高さ48.5 m、4階建て、5万人収容の円形闘技場。「コロシアム(競技場)」の語源ともなった

ンは小麦などの穀物であり、サーカスは見世物《みせもの》である。ただし、ここで言うサーカスは、曲芸を指すのではない。戦車競走の楕円形《だえんけい》コースを意味する「キルクス［circus］」を英語読みしたにすぎない。

暇《ひま》を持て余す大衆は、戦車競走と剣闘士興行を娯楽としてこよなく好んだ。二頭あるいは四頭立ての戦車が疾駆《しっく》するレースに、われを忘れて熱狂した。

ローマでは、パラティヌス丘とアウェンティヌス丘との間に、キルクス・マクシムス(現・ローマ市内のチルコ・マッシモ)と呼ばれた巨大な競走場があった。一説では約四〇万人の観衆を収容できたという。

大衆はまた、戦士と戦士が命がけで戦う流血の剣闘士対決に夢中になる。そもそも戦士国家であるローマでは、流血と殺戮は征服者の栄光と表裏一体をなすものだった。その征服戦士としての気風を忘れないように、平和と繁栄のなかでも、この殺人ゲームが残ったのかもしれない。

多くの都市に人工の戦場が造られ、民衆の勇猛心を奮い立たせた。また、場合によっては死に至る剣闘士が登場すると、その筋骨《きんこつ》たくましい姿に、心をときめかせる女性たちもいた。そのほとんどが奴隷か卑賤の身分であったが、一種のスターでもあった。

ともあれ、ポンペイではすでに一五〇年前には円形闘技場があったのだから、ローマにおけるコロッセオの建設は遅すぎるほどだった。ウェスパシアヌスは節約家だったが、出費すべきものがあれば惜しまず出した。地味な人物ではあったが、やはりひときわ大きな器量が備わっていたことを感じさせる話である。

ウェスパシアヌスは軍人上がりであったが、元老院貴族と折り合っていける政治感覚にもすぐれていた。おかげで、政治権力は安定し、国家財政も健全になる。このために、小麦は無料で給付され、さまざまな見世物が提供された。このような出来事が重なり、民衆にサービスする為政者の原像ができあがっていったのである。

ウェスパシアヌスにすれば、由緒ある高貴な家柄ではなかったために、自分の一族の支配を広く認めてもらおうとしたのだろう。頑固だが、誠実であり、寛大で恨みがましくない男だったから、人々はウェスパシアヌスを憎めなかったのだろう。彼は死に臨んでも、「余《よ》は神になりつつあるようだな」と冗談を飛ばすことを忘れなかったという。

五《ご》賢《けん》帝《てい》——人類史上、もっとも幸福な時代

マルクス・コッケイウス・ネルウァ（三五～九八年）
マルクス・ウルピウス・ネルウァ・トラヤヌス・アウグストゥス（五三～一一七年）
プブリウス・アエリウス・トラヤヌス・ハドリアヌス（七六～一三八年）
ティトゥス・フルウィウス・アエリウス・ハドリアヌス・アントニヌス・アウグストゥス・ピウス（八六～一六一年）
マルクス・アウレリウス・アントニヌス（一二一～一八〇年）

後継者選びの手本を示した短命政権——ネルウァ

ウェスパシアヌス帝の没後、彼の出身氏族フラウィウス家からティトゥス帝、ドミティアヌス帝が続いた。為政者としてのドミティアヌス帝は有能なところもあった。彼は、行政手腕にすぐれた第二代皇帝ティベリウスの人柄に関心が深かったというが、その先人に似て陰険《いんけん》な印象があり、のちにそれが災いする。

治世後半には、見世物などの大衆娯楽に巨額を投じたので、国庫は逼迫《ひっぱく》していく。そのため、有力者の処刑や財産没収が常套《じょうとう》手段となり、暗殺の噂が絶えなかった。そのせいで猜疑心が強くなり、「為政者とは哀《あわ》れなものだ。暗殺されないかぎり、陰謀があったと

は信じてもらえないのだから」と、みずからを憐《あわ》れんでいたという。

そして、元老院貴族にも騎士身分にも宮廷役人にも、罪なき犠牲者が出る。疑惑は密告、告発、弾圧をもたらした。まさしく恐怖政治である。挙げ句の果てに、皇后までもが不安におびえ、側近の侍従《じじゅう》たちと共謀した。九六年夏、宮廷内でドミティアヌス帝は暗殺された。元老院貴族たちは狂喜したが、民衆は冷静だった。

皇帝暗殺の同日、老齢の元老院貴族ネルウァが皇帝に推挙される。あまりにすばやく事《こと》が運ばれており、ネルウァも陰謀に関わっていたのかもしれない。

ネルウァが帝位に就くと、流刑者は呼び戻され、没収財産は返還された。新帝は元老院との協調をかかげ、財政再建に乗り出す。同時代人のタキトゥスは、自由がよみがえったと賛美した。しかし、それはあくまでも元老院にとっての自由だった。兵士たちにすれば、ドミティアヌスの死は悲しむべきことだった。実際、親衛隊は反旗をひるがえし、新帝を軟禁して、陰謀首謀者を探し出し、殺してしまう。

ネルウァは老齢のうえに病弱であったので、自他共に余命も残り少ないと見なされていた。とすれば、信頼できる後継者を探しておかねばならない。しかも、元老院にも軍隊にも好感を持たれそうな人物が望まれる。そのような人材は、すぐに見つかった。

ゲルマニアの属州総督トラヤヌスは軍人としても有能であり、人間としても尊敬されていた。ネルウァ帝は、実子がいなかったこともあり、彼と養子縁組を結び、その治世はふたたび安泰になる。ネルウァ帝は「身の安全のために、皇帝の地位を降りて私人の生活に戻ったわけではない。それを除けば、私は皇帝として何もしなかった」と、正直に述べている。だが、有能な人材を後継者に指名するというモデルは、後世の手本となった。

やさしく穏《おだ》やかな人物だったが、たまたま激昂《げきこう》したばかりに、ぐったり倒れ、ほどなく息を引き取る。わずか一六カ月の治世だった。

最大版図を誇った最善の元首──トラヤヌス

トラヤヌスは、スペイン南部のイタリカで生まれた。この地方は早くからローマの文化生活になじみ、都市化されていた。そこに父祖代々、定住し、父の代にはじめて元老院身分になったという。

その父がシリアの属州総督として赴任した時、十代後半のトラヤヌスはそこで軍務に就く。やがて法務官を務めたあと、軍団司令官としてドミティアヌス帝への反乱軍に対処したが、軍団が到着した時、反乱軍は鎮圧されていた。三八歳で執政官になり、やがて上ゲルマニアの総督になった。

九八年、ゲルマニアにいた中年のトラヤヌスは、そこで自身がネルウァ帝の養子になったことを知る。だが、彼はすぐにローマに直行しなかった。

おそらく、養子としての後継者指名の裏では、諸勢力との政争があり、自己を支える勢力を固めておかなければならなかったのだろう。何よりもライン川やドナウ川周辺の辺境にいる軍隊を訪れ、手なずけておかねばならなかった。軍隊では、いまだに亡きドミティアヌス帝を偲《しの》ぶ声がくすぶっていたからである。

九九年晩夏、皇帝即位後一年半が経ち、トラヤヌス帝はローマに入城する。群衆の歓迎はすさまじかった。彼は馬を下りて歩きながら、親しい者たちと抱擁《ほうよう》する。その謙虚な姿は、民衆には好ましく映《うつ》った。時の文人貴族プリニウスは、長大な皇帝賛歌《さんか》を捧げている。それによれば、トラヤヌス帝は力強く篤実で、信心深い人物であった。

元老院でも温かく迎えられ、彼もまた有能な元老院議員を重用する。属州に派遣された元老院議員たちと書簡を交《か》わし、それぞれの地域対策に配慮した。小アジアの知事だったプリニウスとの往復書簡が現存しているが、そこからは皇帝の激務がうかがえる。

各地の道路が修復され、要所には橋が築かれた。後世の歴史家は、ドナウ川にかけられた橋の見事さに驚嘆している。首都ローマには広場、市場、浴場が建設され、最大規模の水道橋《すいどうきょう》も設けられた。外港のオスティアには、新たに六角形の港が新設された。属州地にはティムガド（北アフリカ）、クサンテン（ゲルマニア）などの都市が築かれ、退役兵の植民活動がなされた。

民衆に配慮することでも、彼はぬかりなかった。貧民救済のために生活必需品が支給され、アリメンタと呼ばれる養育基金が設けられた。このような慈愛にあふれる施策は、その後も二〇〇年続いたという。次から次へと打ち出される誠意ある政策のために、トラヤヌス帝は「最善の元首」として称讃されるのであった。

ところで、トラヤヌスは何よりも軍人である。戦争こそが、彼の天職であった。彼の治世は、国境地帯にかまびすしい近隣勢力が脅威となる時代ではなかった。しかも、アウグストゥス帝以後の一〇〇年間に、クラウディウス帝によるブリタニア併合を除けば、ローマ人の大いなる征服活動があったわけではない。

それにもかかわらず、軍人としての血が騒いだのだろうか、トラヤヌス帝は大規模な遠征を志《こころざ》す。治世一九年の間に、ダキア、メソポタミア、アルメニアなどが併合され、ローマ帝国の版図は最大になる（図表6）。

特に、ダキア戦争（一〇一～一〇六年）は圧巻だ。その戦争絵巻は、首都ローマの一角にあるトラヤヌスの記念柱（写真21）に語られているが、らせん状の浮き彫り絵巻のなかで、長身のトラヤヌス帝はひときわ目立つ。高貴な風貌にはたくましさもあり、使者に接見し、作戦を練《ね》り、神々に犠牲を捧げ、敗者の降伏を許す。これらの征服による戦利品は国家財政を潤《うるお》し、公共建築や公共政策の平和事業の原資になった。

写真21 トラヤヌスの記念柱

高さ38m、直径3.9mの大理石製。戦闘場面などが彫られている

ローマ帝国の最大版図(117年頃)
古代の地域名
ローマの主な史蹟が残る都市
※地形、国境線、都市名は現在のもの
ダキア
黒　海
カスピ海
イスタンブール
イズミット
イズニック
アルメニア
小アジア
ベルガマ
コリントス
イズミル
アテネ
ミレトゥス
スパルタ
アンティオキア
パルミラ
メソポタミア
地　中　海
バールベック
エルサレム
アレクサンドリア
紅海

図表6 ローマ帝国の最大版図

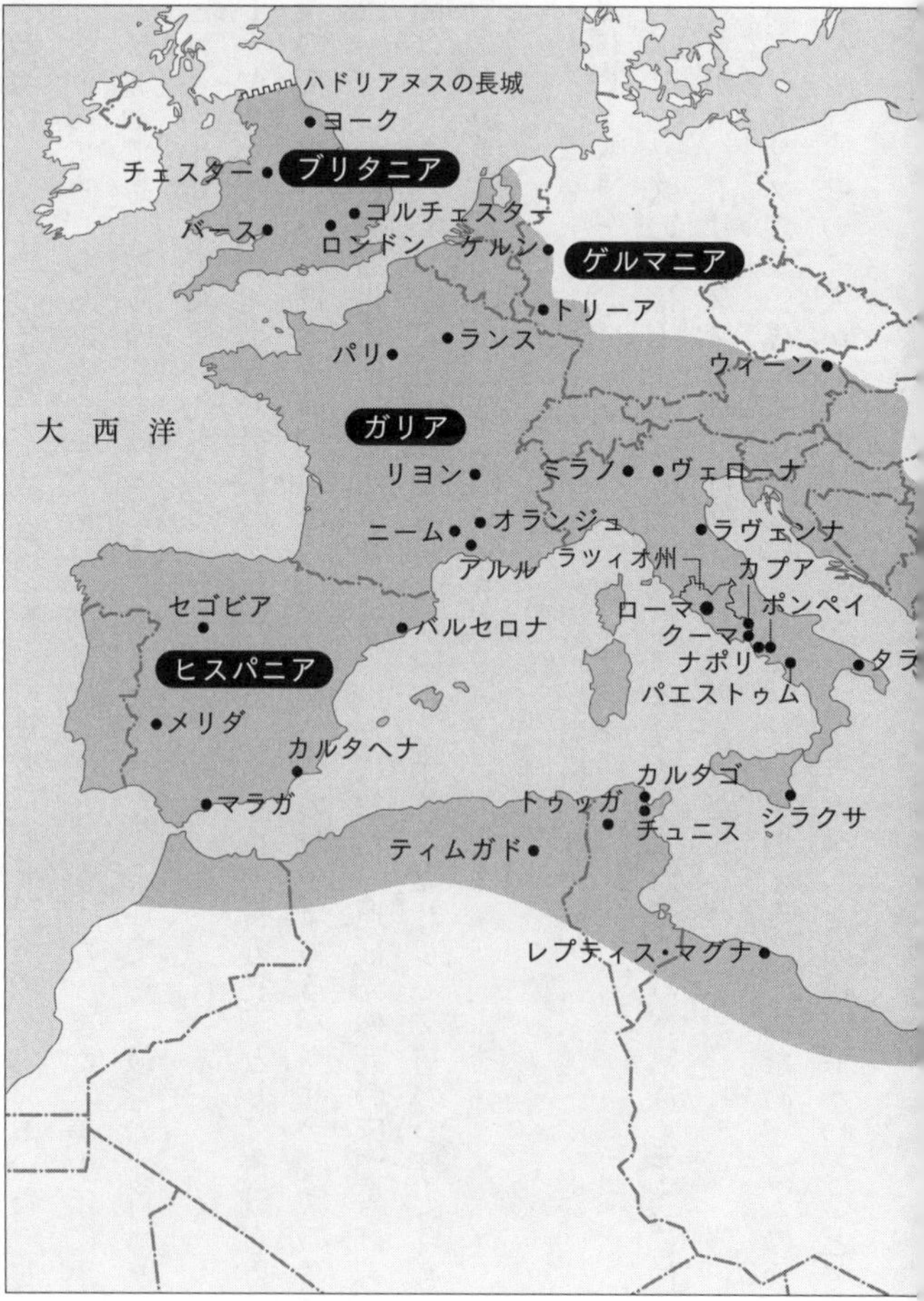

為政者の鑑《かがみ》のような人物だが、飲酒癖と同性愛に眉をひそめる人々もいた。しかし、いくら飲んでも、しらふのままであり、酒乱にはほど遠かった。また、美少年に手を出すことがあっても、彼らの心を傷つけることもなかった。ここでも「最善の元首」として、ほどほどの中庸を心得ていたというわけだ。

トラヤヌスは、属州出身の最初の元首である。ネルウァ帝の養子として後継者に指名されたので、自分の後継者も前例にならった。いとこの息子であるハドリアヌスの名が挙がったが、この後継者指名には謎が少なくない。なにしろ、遠征先の死の床《とこ》で告げられ、数日間は伏せられていたのだ。疑惑は晴れないが、元首の妻として文句のつけようもないプロティナが関与していたことは確かである。

帝国内をくまなく視察した皇帝――ハドリアヌス

ハドリアヌスの父はトラヤヌスと同様にイタリカ生まれであり、家族もそこに住んでいた。だが、ハドリアヌス自身は首都ローマで生まれたらしい。

ハドリアヌスが一〇歳にもならないうちに、父が早逝《そうせい》する。このため、二人の後見人の保護を受け、その一人がトラヤヌスであった。トラヤヌスとの縁が深かったことで、ハドリアヌス家の人々は世《よ》に出るのが早かった。

ハドリアヌスは二〇歳にならないうちに、元老院議員の公職を歩み、軍務にもはげんだ。これらの公務にあって、ほとんどトラヤヌス帝の近くで勤務しており、早くも三三歳で執政官（補充）を務めたほどだった。やがて一一七年にシリア総督となり、その年のうちにトラヤヌス帝が逝去した。ハドリアヌスが帝位に就いた時、彼は四一歳だった。この帝位継承については、古代から疑惑の目が向けられている。

「ハドリアヌスはトラヤヌスによって養子とされはしなかった」のであり、もう一人の後見人であった人物が「ハドリアヌスに恋情をいだく皇妃プロティナと謀《はか》って」、ハドリアヌスを皇帝にしたという。真相をめぐって、噂は半世紀後も絶えなかったという。だが、トラヤヌス帝は、身近にいたハドリアヌスという人物の能力を認めており、明白に養子縁組をしなかっただけだとも言える。

帝位継承直後に、ハドリアヌスは敵対する有力元老院議員を処刑した。このため、元老院とは良好な関係ではなかった。元老院貴族に反ハドリアヌスの動きがあり、彼らの伝承のなかで、前述のようにプロティナとハドリアヌスの関係が歪曲《わいきょく》されたのであろう。

確かに、ハドリアヌスは元老院貴族に不評であり、「憎まれた皇帝」だった。だが、のちには世論に配慮して、「元老院の許可なく議員を処刑しない」という誓いを立てたり、宴会で元老院議員たちを立ったまま出迎える姿勢を見せたりもしたという。細《こま》やかな心配りのできる、有能な為政者であったことは否定できないだろう。

「ハドリアヌスは長身であり、容姿は優雅であった。髪は櫛《くし》で巻き毛にし、生来の傷を隠すために顎鬚《あごひげ》が豊かであった」（『ローマ皇帝群像』）。

この顎鬚が似合っていたので、のちの皇帝たちはこぞってまねしたという。

拡張主義を採《と》って帝国の版図を最大にしたトラヤヌス帝の死後、ハドリアヌス帝はアウグストゥス帝の初心に戻り、併合地の一部を放棄し、国境防備に努めた。なにしろ、治世の半分を属州の視察に費《つい》やしている。

ガリアおよびゲルマニア（一二〇～一二一年）、ブリタニア（一二一～一二二年）、ヒスパニア（一二二年）、小アジア（一二三年）、ギリシア（一二五年）と続き、さらにシチリア経由でローマに帰国する（一二七年）。その後、アフリカ（一二八年）、アテナイ（同年冬）、カリア、キリキア、カッパドキア、シリア（一二九年）、やがてエジプト（一三〇年）を訪れ、ローマに戻ったのである（一三一年）。

この視察の規模を証明するかのように、属州各地で「皇帝陛下の御来臨《ごらいりん》」を刻《こく》する貨幣が数多く残されている。

帝国をくまなく歩き、人心に触れた為政者は、それぞれの地域で崇《あが》められる神々のすべてがないがしろにされるべきではないと感じた。あらゆる神々を崇めることこそ、帝国の安寧と繁栄をもたらすと信じた。かつてアウグストゥス帝の側近アグリッパが創建したパンテオンが、ハドリアヌスによって壮麗に再建された。神々に懺悔《ざんげ》したアウグストゥス帝の祈願は、ハドリアヌス帝の神々への恭順のなかでよみがえったことになる。

ハドリアヌスは軍人ではなかったが、軍隊の忠誠を勝ち取り、軍規の引き締めに努めた。国境の守備を固めて平和を保ったことは、ハドリアヌス帝の最大の事績であろう。属州ブリタニアにおける「ハドリアヌスの長城（写真22）」建造は、その平和政策を示唆するものだ。

属州の視察や国境の防備に配慮したとはいえ、ハドリアヌス帝は内政を軽視したわけではない。騎士身分の者が文官職に重用され、さらに皇帝の諮問《しもん》機関を整備した。

有能な為政者であったにもかかわらず、ハドリアヌスは芸術と狩猟を愛する趣味人だっ

写真22 ハドリアヌスの長城

全長約118㎞。ケルト人の侵入を防ぐために122年着工。多くが、イギリス北部に現存

た。とりわけギリシア文化を愛好し、「ギリシアかぶれ」とさえ言われた。彼にとっての聖地はアテナイであり、生涯三度もそこを訪れている。

また、ローマ近郊のティヴォリに壮麗な別荘を建設し、その庭園には、属州旅行の思い出が至るところに再現された。その栄華の跡は今日《こんにち》ほとんど廃墟と化しているが、それでも学芸を愛好した皇帝の夢想が染《し》み込んでいるかのようだ。

美少年アンティヌースをこよなく寵愛したことも有名である。この美少年は、ナイル河航行中に身を投げて死んだという。ハドリアヌス帝の悲哀は大きく、数多くの彼の彫像が現存している。ハドリアヌスは晩年の多くをこの別荘で過ごしたが、老齢の日々はひたすら死の願望が強かったという。その思いは自作の詩のなかに残されている。

小さな、さまよえる愛《いと》しき魂よ、
わが肉体に仮に宿《やど》りし親友よ、
汝《なんじ》は今や青ざめて凍《こお》りつく侘《わび》しき、あの場所へ、
戯《たわむ》れに心を躍《おど》らせた日々を思い出すこともなき、あの場所へ、
離れ去ろうとするのか。

帝国の平和を堅持した、すぐれた政治手腕――アントニヌス・ピウス

ハドリアヌス帝は、最初にケイオニウス・コンモドゥスという若者を養子にした。ところが、このケイオニウスが死んだので、アントニヌス・ピウス（写真23）を養子にした。元老院の意向に配慮したためだ。

アントニヌスはローマ近郊の街で生まれ、そこで育った。父親が早逝したために、二人の祖父が教育に配慮したという。二十代でファウスティナという名家の娘と結婚し、財務

官（クァエストル）、法務官を歴任し、三六歳で執政官を務めた。やがてアシア州総督として属州行政にあたり、評判を高めた。帰国後、皇帝顧問団の一員となり、五二歳の時、ハドリアヌス帝の養子に指名されている。アントニヌスは熟慮を重ね、皇帝の期待に従うことを決心したという。

このアントニヌス帝を養父として後継者となるマルクス・アウレリウスは、次のように語っている。

「父からは、温和であることと、熟慮の結果いったん決断したことは揺《ゆ》るぎなく守り通すこと。いわゆる名誉に関してむなしい虚栄心をいだかぬこと。労働を愛する心と根気強さ。公益のために忠言を呈する人々に耳を貸すこと。各人にあくまでも公平にその価値相応のものを分け与えること。いつ緊張し、いつ弛《ゆる》めるべきかを経験によって知ること。少年への恋愛を自制すること」（マルクス・アウレリウス『自省録』）

などを学んだという。

アントニヌス帝の治世は平和と繁栄の時代だった。後世の歴史書は、彼がこよなく平和を愛していたことを強調している。もちろん、国境周辺では外敵侵入の不安がないわけではない。ハドリアヌスの長城のさらに北方に、アントニヌスの防壁が設置されたことは、辺境の事情を物語っている。戦争を忌避《きひ》した皇帝の苦肉の策だったのかもしれない。

だが、帝国全土に目を向ければ、あまりにも平和で安泰であり、特に言い立てる出来事もないほどだった。政敵がいたにしても、その血一滴すら流されなかった。このために「アントニヌス帝の治世には歴史がない」と皮肉る者もいた。

写真23 アントニヌス・ピウス

アントニヌス・ピウス像（ナポリ国立考古学博物館蔵）

元老院の評判が芳《かんば》しくなかった養父ハドリアヌス帝を神格化するために尽力し、元老院の意向を尊重したことから、「ピウス（孝行者）」というあだ名をもらう。

高貴な風貌を持ち、柔和《にゅうわ》で落ち着きを備え、話術の才に長《た》けていたが、人の話にもよく耳を傾けた。もともと貴族の資産家であったが、富《とみ》や身分を誇示することなどなかったという。だから、英雄伝というよりも聖者伝の素材になるような人物だった。

もちろん国庫を浪費することなどないから、没後には六億七六〇〇万デナリウスが遺《のこ》された。これは国庫に遺された資産として最高額である。しかし、アントニヌス帝の人柄を見ると、徳性にすぐれていたばかりでなく、天性の政治手腕に恵まれた人物だったことがわかる。元老院と協調し友好関係にあったのも、権力をちらつかせるそぶりも見せなかったからだ。そのかたわらで、官僚制を整備した堅固な行政機構を築き上げていた。

アントニヌス帝に対する敬意は、彼の死後も衰えることはなかった。後継者マルクス帝は「彼の資質を思い出しなさい。自分が死に臨んだ時に、彼と同じような誠実さが誰にも明らかになるように」と忠告した。それは、マルクス帝自身が自分への戒《いまし》めとしたことかもしれない。

後継者選びをまちがえた哲人皇帝――マルクス・アウレリウス

マルクス・アウレリウス（写真24）は、おごそかな印象を与える幼児だったという。幼い頃から哲学に熱意を持ち、乳母《うば》の手を離れると、すぐに進歩的な哲学者たちに預けられている。やがてギリシアの哲学者をまねて粗末なマントをまとい、地べたに寝るようになった。だが、母親に懇願され、寝台に眠ることをしぶしぶ聞き入れるのだった。

写真24 マルクス・アウレリウス

騎馬姿のマルクス・アウレリウス像（カピトリーニ美術館蔵）

一六歳の時、心から慕《した》うアントニヌス帝の養子に迎えられる。九歳下のウェルスも同時に養子となり、義弟となった。それから二三年後、ローマ史上最初の共治帝《きょうちてい》が誕生する。

マルクス帝は、ウェルスについて「弟はその性質により、私を掻《か》き乱すようなこともあったが、同時に尊敬と愛情によって私を喜ばせてくれた」と語っている。

その治世は平和に幕が開けたが、やがて戦争、洪水、飢饉《ききん》、疫病、さらには戦争が相次ぎ、気の休まる時がなかった。

アルメニアの管理権をめぐるパルティアとの戦争に勝利すると、トラヤヌス帝以来ほぼ五〇年ぶりにローマで凱旋式が行なわれた。しかし、東方戦線から、戦利品だけではなく、帰還兵たちは悪疫《あくえき》も運んできた。それはすさまじい勢いで広がり、特に人口が密集する大都市では被害が大きかった。

やがて北方辺境でもゲルマン人の侵略が続き、共治帝は戦場に駆り出される。マルクス帝は帝室の侍医ガレノスの随行を求めたが、ガレノスは固辞したという。このような遠征のさなか、ウェルス帝は脳溢血《のういっけつ》で倒れ、死去する。共治の期間は八年で終わった。

拡張された版図を維持していくには、問題が山積していた。マルクス帝治世の後半は、ほとんど憩《いこ》う暇もなく戦場に身を置いていた。

国境での戦いは当初、何よりも防衛戦争であった。これらの戦争は財政を圧迫し、時には平和の代償として金銀財宝を払うはめにもなった。だが、新しい騎士身分の人材を登用しながら鎮圧し、征服したあかつきには属州を設けるという構想もあったらしい。少なくとも、ローマを脅《おびや》かす蛮族に対して軍事力を立て直し、優位にこぎつけることはできた。

この北方戦線の陣中で灯火をかかげて、マルクス帝は『自省録』を綴《つづ》る。そこには、世界帝国の最高権力者の内面が、ギリシア語で語られている。皇帝としての責任、神々との関わり、宇宙の理法と人生の処し方など、テーマはストア派の伝統に則《のっと》っている。だが、高潔な人柄からにじむ聡明さがあり、宗教と道徳をめぐる深い洞察が感じられる。

マルクス帝は為政者として多事多難であったが、愛妻ファウスティナとの間に一四人の子をもうけている。だが、幼児期を越せたのは六人、しかも男児はコンモドゥスしか生きのびなかった。マルクス帝は幼いコンモドゥスを後継者と見なし、教育に努める。ローマを離れがちな皇帝は、哲学の教養も深い医師ガレノスをコンモドゥスの主治医かつ養育係の一人として期待した。ガレノスのローマ残留を認めたのも、そのためである。

ネルウァ、トラヤヌス、ハドリアヌス、アントニヌス、マルクスは「五賢帝」と呼ばれ、その時代は「ローマの平和」の絶頂期であった。最適任者を皇帝の後継者に指名し、有為の人物が最高権力者として君臨している。これらの皇帝には実子がいなかったり、いても先立たれていたりしたこともあるが、後継者選抜の原則は踏襲されてきた。

だが、世界史のなかでも類稀《たぐいまれ》なほど高潔で聡明な哲人皇帝にも、予測できなかった過ちがある。実子コンモドゥスに期待したことである。

一八〇年、マルクス帝は一八歳のコンモドゥスと共に、ドナウ川沿いの前線にいた。その時にマルクス帝が死去したから、コンモドゥスが帝位に就くのは当然であった。コンモドゥスはただちに和平のための代償金を払って、北方戦線から撤退する。国家の威信を重んじる人々は、苦々《にがにが》しく思ったに違いない。

さらに、贔屓《ひいき》の側近に政治の実務を委《ゆだ》ね、怠惰《たいだ》で放埓《ほうらつ》な性格を露《あらわ》にし始める。放蕩と乱行が目につき、暗殺の陰謀が発覚する。幸いにも未遂に終わったが、元老院への不信感はつのった。その後も再三にわたって命を狙われ、やがて精神に変調をきたす。

誇大妄想がひどくなり、ローマを「コロニア・コンモディアナ（コンモドゥスの植民市）」と改名した。ヘラクレスの化身《けしん》を気取り、剣闘士の姿で闘技場に登場する。またもや暗殺の陰謀が練られ、一九二年の大晦日《おおみそか》、側室《そくしつ》、侍従、親衛隊長らが共謀して殺害した。

ガレノス——医学でローマを制した侍医《じい》

クラウディウス・ガレノス（一二九頃～二〇〇頃年）

父親の見識と教育

現代医学は検査方法こそ進歩し、正確になったものの、治療方法は古代のヒポクラテスやガレノスの時代からそれほど変わっていないという説がある。だから、名医とは病気の真因がよくわかっている医者だと言うこともできる。

ローマ建築の粋《すい》をなす壮麗なパンテオンを再建したハドリアヌス帝の治世下、小アジアのペルガモンで、ガレノスという男児が生まれた。富裕な建築家で温和な父と感情的な母との間にあって、ガレノスは幼少期を振り返って語る。

「きわめて幸運なことに、穏やかで洗練され親切丁寧な父と、怒りっぽくて女性召使《めしつか》いをなぐったり大声でわめきちらしたり父と喧嘩《けんか》ばかりでソクラテスにとってのクサンチッペのような母がいた。父親の有徳《うとく》と母親の醜態《しゅうたい》を共に接していたから、私は父を愛し従おうとして、母を憎んで避けようとした」

両親について、よくここまで率直に言えたものである。最初は幾何《きか》、算術、論理、建築などの手ほどきを父親から受け、一四歳の頃から哲学諸派の教養を学校で学んでいる。このような教育環境のなかで、ガレノス自身が語るように、終生《しゅうせい》変わらない自尊心の高さが育《はぐく》まれたという。

その後、父親に支援されながら故郷で学習を続け、哲学の教養を広げ、一七歳の時に医学を志す。どうやら、父親に説得されてのことだったらしい。しかも、哲学の研究を続けながら医学も学ぶというものだった。この類稀な修練が、同時代の医学者たちのなかでガレノスを傑出させる土壌となる。親の見識がもたらす恩恵たるや、驚くべきものがある。

ローマ一《いち》の名医

二〇歳の頃、父親が亡くなったのはガレノスにとって衝撃だった。さらに、医学上の師がペルガモンを離れたことが追い打ちをかける。感情に流されやすい母親の近くにいることは、ガレノスには耐えがたかったに違いない。ほどなく、時々故郷に帰りながら各地を遊学して、哲学と医学の研究に精進《しょうじん》した。

やがて、二三歳から五年間、エジプトのアレクサンドリアに留学している。この期間は、ガレノスが医学研修を受けるにあたって、決定的な影響をおよぼしている。当時のアレクサンドリアは医学解剖が許される唯一の場所だったからだ。この地でガレノスは経験を重ね、技術を磨く。

二七歳の時にペルガモンに帰郷し、ここで剣闘士の治療医になった。肉を切り裂く流血競技のおかげで、ガレノスは治療にあたる外科医として、また身体のしくみを自分の眼で確かめられる内科医として、医学全般にわたるかけがえのない経験を積んだ。

その後、故郷で四年間の務めを果たし、三一歳で帝国の都ローマの土を踏む。ハドリアヌス帝の後継者であった誠実なる賢帝アントニヌスが没し、ストア派の哲人マルクス・アウレリウスが即位した時だった。

その頃の首都ローマは、医学の諸派がひしめきあっていたが、ガレノスは解剖の技量を示し、名医としての評判を高める。患者の容態や予後《よご》について的確な判断を下すのだから、都の人々は驚いた。とりわけ、自分の哲学上の老師を治療したことは、決定的な名声をもたらしたという。評判は評判を呼び、皇帝の住むパラティヌス丘にも噂は届いていたらしい。しかし、この頃に皇帝と接触したという記録はない。

一六六年、疫病が大流行してイタリアに到来した時、ガレノスはローマを離れ帰郷する。疫病の惨状を見て、故郷ペルガモンの混乱を思ったという。もっとも、それは口実であり、医学論争の論敵から、身の危険を感じていたためともいう。ガレノスとは「穏やかな人」の意だが、その言葉からはほど遠く、激昂《げきこう》しやすい論客であったらしい。

皮肉にも、ここには彼が嫌ってやまなかった母親の血の痕跡《こんせき》が認められるのではないだろうか。父親に導かれて広く教養を身につけ、父親を尊敬する。その反面、母親の悪口を言ってはばからない。この感情を抑えきれないガレノスの性質は、彼が残した文章からも読み取れる。まるで母親の肉体の暴力が、息子の言語の暴力に乗り移ったかのようである。

だが、名医としての評判と期待は収まらず、ついには一六八年、皇帝マルクス・アウレリウスの命《めい》でローマに呼び戻され、帝室の侍医となる。

医者の目、哲学者の目

ところで、名医として貴人の患者だけに接したわけではない。ふだんは冷静で穏やかな医者として、さまざまな身分の者に接していた。

たとえば、ある奴隷が愛する女性に会うために仮病を使ったことがある。奴隷は、自分の膝《ひざ》にタプシア（有毒な植物）をこすりつけて膨《ふく》れ上がらせ、激痛を装って、本来なら主人の伴《とも》をして農園別荘へ行くべきところ、屋敷に残った。ガレノスはすぐに見破り、炎症の痛みに効くわけがない熱冷《ねつさ》ましの薬剤を処方した。一時間もすると、その奴隷の痛みは消えたらしい。この名医は主人には告げず、見逃して愉快がっていた。

ここには、大知識人が男女の愛の衝動を知りつつも、それを人間の営《いとな》みとして、当然のことのように黙認している余裕が感じられる。

マルクス帝の治世も、コンモドゥス帝の治世も、それに続く内乱とセウェルス朝の初期も、ガレノスは宮廷の侍医であった。比類なき名医であることは誰もが認め、臨床医《りんしょうい》としても病理学者としても、医療教育者としても名声を博《はく》した。ガレノスに対抗する医学の諸派も、彼の晩年にはほとんど勢いを失いつつあった。彼はまさに地中海世界の医学における勝利者であり、皇帝であった。

ヒポクラテスに始まる古代医学を集大成した巨人の目に、皇帝とその周辺に起こったことはどのように映っていたのだろうか。彼の膨大な著作のなかに、それを知る手がかりはほとんどない。それとも、医学に没頭することしか頭になかったからこそ、権謀術数が渦《うず》巻《ま》く宮廷社会で生きていられたのかもしれない。

七〇歳ほどで没したと言われていたが、その後十数年生きていたことが明らかにされつつある。八七歳で没したともいう。もっとも、晩年のガレノスがローマに在住したのか、故郷のペルガモンに帰ったのかは定かではない。

だが、最晩年まで、医学論文の創作を続けていたらしい。大作『医学方法論』が完成したのも晩年であった。同書にかぎらず、彼の作品は大小合わせて膨大な数にのぼっている。

ところで、古代人ガレノスの手腕が輝くのが病因を正確につかんでいたからだとすれば、それは現代の諸問題にも教訓を残してくれるかもしれない。人体の病《やまい》を治療することだけではない。社会病理があるなら、まずその真因を突き止めなければならないのだ。

ガレノスの生涯は、医学だけでなく政治や経営にたずさわる者にも、歴史の教訓として生きてほしいものだ。

セウェルス――旧秩序を破壊した改革者

ルキウス・セプティミウス・セウェルス（一四六〜二一一年）

皇帝の地位を買う

十八世紀の啓蒙思想家モンテスキューは、五賢帝時代とその後の時代についてため息をもらしながら、次のように語っている。

「ネルウァの英知、トラヤヌスの栄光、ハドリアヌスの勇気、両アントニヌスの美徳は、兵士たちに自尊心を与えた。しかし、新しい怪物どもが彼らに代わって登場した時、軍事政権の弊害は、その極端にまでおよんだ。そして、帝国を売り物にした兵士たちは、皇帝たちを暗殺して、その後の帝権に新しい値段をつけた」（モンテスキュー『ローマ人盛衰原因論』）

この「新しい怪物ども」の筆頭に登場するのが、比類なき賢帝マルクス・アウレリウスの実子コンモドゥスである。ライオンの毛皮をまとい棍棒《こんぼう》を担いで、ヘラクレス神になりすまし、皇帝みずから剣闘士として民衆の前に出てくる。軍隊には甘く、兵士たちは放埒《ほうらつ》に暮らすことに慣らされる。

コンモドゥスの暗殺後、老齢の首都長官ペルティナクスが皇帝に担ぎ出された。だが、この正義を愛する老人は、横暴ぶりの目立つ親衛隊をまじめにしようとして反感をかい、あえなく殺害された。三カ月足らずの帝位であった。

それから、奇想天外なことが起こる。ペルティナクスの義父と大資産家ユリアヌスとの間で、なんと帝位が競売にかけられたのである。親衛隊に、より多くの手当てを約束した者が勝ちだった。もちろん、資産に勝るユリアヌスが帝位を得る。

同時に、ペスケンニウス・ニゲル、クロディウス・アルビヌス、セプティミウス・セウェルス（写真25）の三人がそれぞれ属州の軍隊に擁立され、政治の舞台に登場している。そしてユリアヌス帝を含む四者が乱立するなか、ライン・ドナウ全域の軍団が支持するセプティミウス・セウェルスが支持を集めた。

力でもぎ取った帝位

セウェルスの家系は、確実なところでは、同名の祖父までしかたどれない。だが、親族名の構成や貨幣に刻まれた顔つきから、彼が生粋《きっすい》の精力豊かなフェニキア系であったことは疑いない。

写真25 セプティミウス・セウェルス

セプティミウス・セウェルス像(大英博物館蔵)

セウェルスは、幼少期を北アフリカ沿岸の生地レプキス・マグナで過ごした。そこは、かつてフェニキア人が植民したカルタゴ国家の勢力下にあったから、セム語系の人であった。おそらくフェニキア語(ポエニ語)が母国語であり、ラテン語を話してもかなりアフリカ訛《なま》りだったらしい。姉妹に至ってはフェニキア語しか話さなかったという。

ローマ人によって滅ぼされたカルタゴ人の血を引く者が皇帝になったのだから、皮肉と言えば皮肉である。

辺境地域が不穏になるマルクス・アウレリウス帝の時代には、ローマにも緊迫した雰囲気が漲《みなぎ》っていた。この頃、青年セウェルスは首都に渡る。官職経歴は財務官に始まり、属州バエティカ（現・スペイン南部）の財政担当者として、ヒスパニアにおもむく。

その後、一時的に一身上《いっしんじょう》の理由で、北アフリカに帰国したと言われる。この地でも行政職を務めたが、マルクス帝末期には護民官職を歴任。その後、シリア軍団長、ガリア・ルグドゥネンシス総督、シチリア総督を経て、一九〇年には執政官に就任した。

二年後、パンノニア総督としてドナウ沿岸地方におもむく。この地方は、当時ブリタニア、シリアと並ぶもっとも重要な軍事的拠点であり、三個の正規軍団の指揮を委ねられた。この昇進は、彼の行政職の経歴ではなく、豊富な戦略知識を持っていたことによるものだろう。

この任命をコンモドゥス暗殺計画に関連した政略とする考えもあるが、想像の域《いき》を出ない。いずれにしても、ペルティナクスの暗殺後、ドナウ地域のパンノニア軍団は挙兵し、セウェルスを皇帝として擁立した。

ローマに進軍したセウェルスは一九三年、元老院によって皇帝の権限を授与された。すでにユリアヌスは元老院の手で処刑されていたが、セウェルスの前には、政敵が立ちはだかっていた。彼はペルティナクスの殺害者たちを処刑し、シリア軍団に擁立されたニゲル軍を打ち破る。さらには、帝国北西部を拠点とするアルビヌス擁立軍と対峙する。

最後の決戦は、リヨン郊外で行なわれた。セウェルスは落馬し、身分を知られないように皇帝の外套《がいとう》を脱ぎ捨てなければならなかったという。ほどなくアルビヌス自身はリヨン城内に逃げ込んだが、自刃を余儀なくされた。一九七年二月、ようやく内戦が終結した。

兵士の優遇

これらの戦いのかたわら、セウェルス帝は内政の改革に着手している。ローマの高貴な家柄など微塵《みじん》も気にすることがないため、セウェルス帝の改革は徹底したものになる。それまでイタリア人によってのみ構成されていた親衛隊は解散され、バルカン半島およびドナウ沿岸地域出身者を中核とする属州人によって再編された。これは、皇帝側近の軍団の再編という行政措置にとどまらず、まさしく変革そのものであった。

すでに、帝国全土の軍団の将校に、親衛隊の下士官や将校の歴任者が就くことが慣行となっていたからである。今や、軍事機構の指導的地位に占めるバルカン・ドナウの農民階層からなる属州人の割合は、圧倒的なものとなった。

それと共に、軍隊内の身分差別は除かれ、実力さえあれば、上級の下士官や将校に昇進することができるようになった。同様に、ある程度の軍務歴任者が行政職に就くことも容易になり、その結果、行政機構全体が軍事色を帯《お》びていく。

帝国行政の要職には、元老院貴族ではなく騎士身分の人々が重用され、軍人に対する優遇策は著《いちじる》しくなった。兵士給与は増額され、退役兵の特権は保護され、現役兵の結婚は容認されていく。こうして、皇帝と軍隊とはますます固い絆で結ばれるのだった。

ローマ観光の目玉のひとつに、古代ローマの遺跡群フォロ・ロマーノ（写真26）がある。広場や神殿などの公共建築物がひしめくなかに、パルティア遠征の戦勝を祝賀して建設されたセウェルス帝の凱旋門がある。

パルティア遠征では首都クテシフォンが攻略されたが、この東方の旧敵はもはや抵抗する力を失っていた。略奪のかぎりが尽くされたという。兵士を喜ばせるには何よりだった。

セウェルス帝はオリーブ栽培に恵まれたリビア地方の出身者だったせいか、民衆にオリ

写真26 フォロ・ロマーノ

ローマ市内東西約300 m、南北約100 mにわたるローマ時代の政治の中心地。セプティミウス・セウェルスの凱旋門が左に見える

ーブオイルを配給した皇帝としても知られる。食料としての小麦ばかりか、生活必需品まで配給するという、為政者の配慮を印象づける事例である。

破壊者か、改革者か?

これらと並行する現象が、元老院の権威の失墜《しっつい》である。

セウェルス帝の治世には、多数の元老院議員が処刑されている。内乱を契機とする皇帝権力の掌握のため、政敵の支持者に対する圧迫は不可避であったろうが、その背後にはセウェルス帝の冷徹な現実主義者としての一面を見ることができる。
これら処刑された元老院議員の私有財産は、皇帝の所有するところとなったから、セウェルス帝はさながら金銭の亡者のように映《えい》じたらしい。しかし、裏面には彼が現実の趨勢《すうせい》を見抜く眼を持つ、洞察力豊かな為政者であることがうかがわれる。セウェルス帝に個人的に接する機会を持っていたのが、歴史家ディオ・カッシウスである。彼は元老院議員であり、古典古代文化の典型的な担い手であったが、セウェルス帝の人物像を次のように描いている。

「彼は小柄であり、最後には痛風《つうふう》に苦しんだけれども、頑丈《がんじょう》であった。精神は鋭利で活発であった。着想は豊かであったにもかかわらず、望むほどの教育を受けなかったので、寡黙であった。友人には温厚篤実の人であり、敵に対しては苛斂誅求《かれんちゅうきゅう》だった。自分について語られることには無関心であった半面、意図するところには深い配慮を示した。それゆえ、金銭の獲得のために殺したわけではないが、あらゆる源泉から金銭を調達したし、また、すべての必要な支出に惜しみなく応じたのである」（ディオ・カッシウス『ローマ史』）

これは、政治的・思想的にも正反対の立場にある者が述べたことである。それを考慮すれば、セウェルスという支配者の姿が見えてくる。

彼はもはやローマとイタリアを中心とする必要を感じなかったし、彼の目にはすべての地域が平等であり、全体としての帝国が存在するだけであった。伝統的な特権を正当化する根拠はどこにもなかった。伝統的な社会秩序が破壊され、帝国が野蛮化されたととらえることもできる。伝統と差別の枠《わく》が根こそぎ取り払われ、地中海世界が空前の民主化を成し遂げたと見なすこともできよう。

いずれにせよ、そうした両極端が成り立つほど、錯綜《さくそう》した時代だったのだ。その意味で、セプティミウス・セウェルスの個性は、まさしく時勢におあつらえ向きであった。「ローマ人の帝国」ではなくなり、まさしく「ローマ帝国」に変貌したのである。

セウェルス帝は、晩年の五年間をブリタニア遠征で過ごした。六〇歳を過ぎ、病気がちだったにもかかわらず、スコットランド遠征を試《こころ》み、かなりの成功を収めている。だが、セウェルス帝の暗殺計画があったとも伝えられており、その首謀者が息子カラカラだという噂もあった。

セウェルス帝は息子二人を呼び、「心を合わせよ、兵士を富《と》ませ、ほかは気にするな」と遺訓を語り、六五歳で息を引き取る。

しかし、長男カラカラと次男ゲタの兄弟は、仲良くなれるはずがなかった。取り巻き連中が二人をあおり、敵意は剝《む》き出しになる。やがて、兄は和解するそぶりをして弟を誘い出し、殺してしまう。二一一年のことだった。

V
衰亡期

衰亡期のローマ

二三五年以後、いわゆる「軍人皇帝の時代」と呼ばれる混乱期を迎える（図表7）。ほぼ半世紀の間、正式に公認されただけでも二六人の皇帝が相次いで現われ、ほとんど短期間の統治のうちに殺害される。現地徴募《ちょうぼ》された兵士たちが、それぞれの軍団の指揮者を皇帝として擁立したからである。

なかには、**ガリエヌス**のような有為の皇帝もいたが、個人の力ではどうしようもない時代だった。この時期は異民族が侵入し、経済や社会の混迷と危機が深まったので、「三世紀の危機」と呼ばれることもある。

人々は漠然とした不安におののき、心のなぐさめと支えを超自然の絶対的な力に見出そうとしていた。もはや、ローマ古来のよろずの神々は頼りなく、厳粛にして慈《いつく》しみ深い絶大な神に思いを寄せる。そして、救済を約束する多

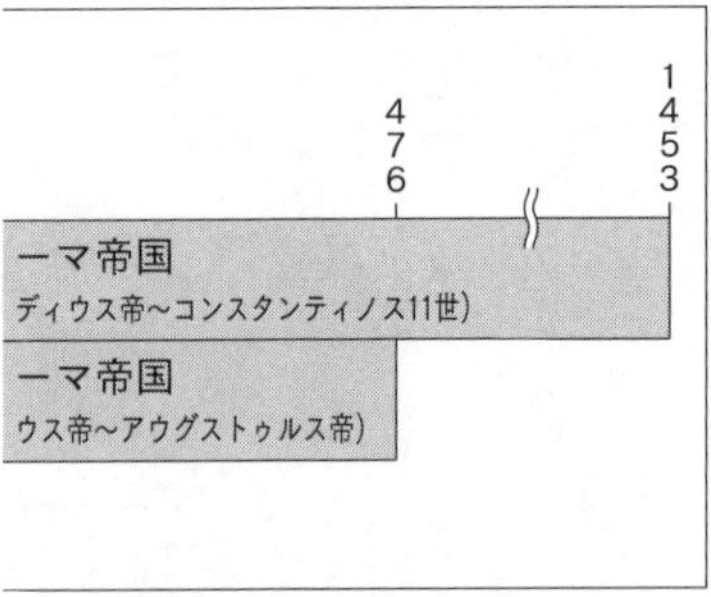

図表7　ローマ帝国の変遷②

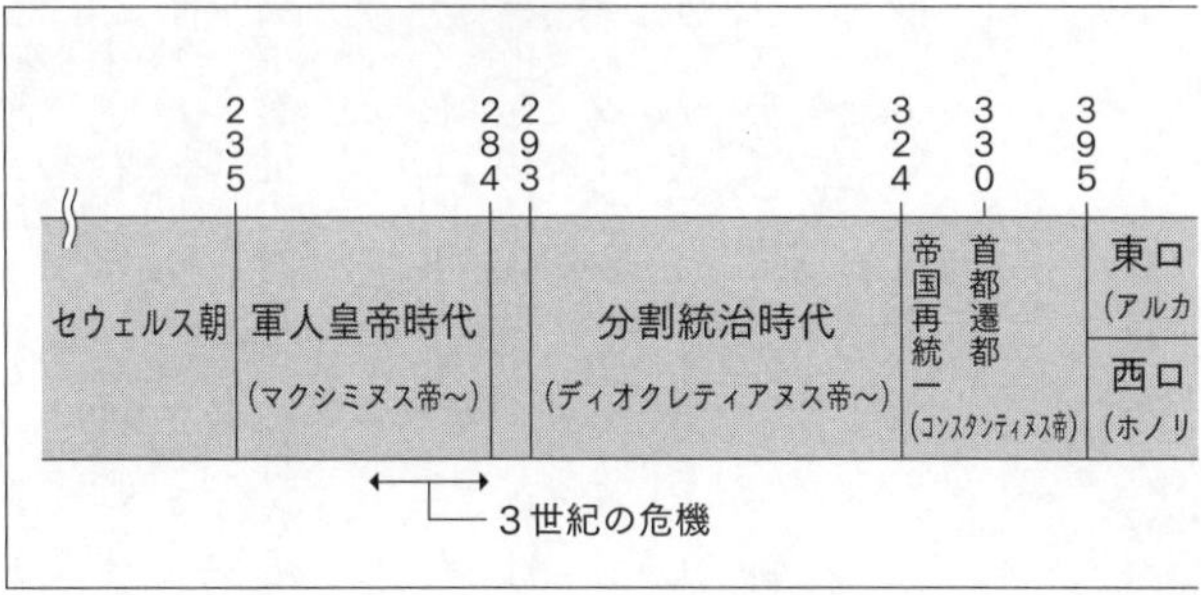

種多様な密儀《みつぎ》宗教のなかから、唯一神《ゆいいっしん》を崇《あが》めるキリスト教が、人々の心をとらえたのである。

この混迷と危機を克服して絶大な権力を握ったのが、**ディオクレティアヌス**である。彼は軍人上がりの改革者であり、分治制《ぶんちせい》を採りながらも独裁者（専制君主政）として君臨した。だが、この進取の気性に富《と》んだ賢帝にしても、キリスト教は認めがたいものがあった。

しかし三一三年、**コンスタンティヌス**帝は太陽神崇拝の浸透に配慮しつつ、キリスト教を公認する。それは、偉大なる神の救いに与《あずか》ろうとする民衆の心と、帝国支配のイデオロギーとが重なった瞬間であった。ここに、多神教世界帝国は一神教世界帝国へと変貌するのである。

しかし、その過程は必ずしも平坦ではなかった。背教《はいきょう》者《しゃ》**ユリアヌス**をはじめとして、異教（ローマ古来の神々を含むキリスト教以外の宗教）の復興擁護に尽力する人々があとを絶たない。彼らにとって、人間集団を守護してくれる神々への祭儀を拒《こば》む一神教こそ、まぎれもない無神論にすぎなかった。異教徒貴族のなかには、伝統の神々への祭礼を復活させる動きもあった。だが、この動きを察知したミラノ司教《しきょう》**アンブロシウス**は、キリスト教徒の神を真《しん》に拝《はい》さぬかぎり、救済は確保されないことを、皇帝と人々に説得するのだった。

かくして四世紀末には、有為の皇帝**テオドシウス**によって異教神殿は閉鎖され、その全面禁止と共に、キリスト教はローマ帝国の国教《こっきょう》となった。

キリスト教が浸透していくと共に、古典古代の文化もまた変貌する。人々はもはや外に向かって表現するよりも、内《うち》なる世界に語りかけることを好んだ。古代末期は、教父《きょうふ》**アウグスティヌス**が描いた、新たな価値と感性が生成《せいせい》する時代でもあった。

ガリエヌス――動乱期の賢帝

プブリウス・リキニウス・エグナティウス・ガリエヌス（二一八頃〜二六八年）

秩序なき世界

二世紀末のセプティミウス・セウェルス帝以後、軍人（写真27）が優遇され、皇帝と軍隊は結びつきを強める。セウェルス朝最後の皇帝アレクサンデル・セウェルスは、兵士への配慮を怠《おこた》ったために暗殺されるほどだった。

二三五年以後、地元で徴募される兵士たちは、それぞれの軍団の指揮官を皇帝に担ぎ出した。そして、皇帝たちが相次いで現われたが、ほとんど短期間の統治のうちに殺害されている。デキウス帝の短い治世にも、二人の簒奪帝《さんだつてい》が現われたが、いずれも殺されている。皇帝の名を覚えるまもなく、次の皇帝が出現する。こうなると、民衆には誰が皇帝でもよかったのだろう。

後継のガルス帝の治世は、ゲルマン系のゴート族と貢税《ぐぜい》で和解したものの、疫病に悩まされた。ほどなく、ササン朝ペルシアが東部国境へ侵略を開始する。それと共に、ゴート族が和平協定を無視して、ローマ領内を荒らし回った。ドナウ川流域地方の属州総督アエミリアヌスがゴート軍をしりぞけると、勢いに乗る兵士たちは彼を皇帝に祭り上げる。

アエミリアヌスは軍団と共にすばやくイタリアを急襲、動揺したガルスの部下たちはガルス帝を殺害した。しかし、この新帝も治世三カ月で兵士たちの手で葬られる。ガルス帝に忠実なウァレリアヌスが主《あるじ》の死後、みずから皇帝に名乗りを上げていたのである。

二五三年、すみやかにウァレリアヌスは皇帝として承認され、長男ガリエヌスも共治帝として迎えられた。ウァレリアヌスは、それほど公人としての賞讃にあふれていたのだ。六〇歳の父は東部を、四〇歳の息子は西部を統治する。

東部には、無秩序と共に外敵の脅威が迫っていた。シャープール王の率いるペルシア軍は手強《てごわ》い相手だった。ローマ軍は局地戦では勝利しても、ペルシア軍の猛攻はすさまじかった。運悪く軍隊内部に疫病が流行《はや》り、戦力の低下は避けられなかった。

ほどなくペルシア軍に包囲される。事態を打開しようとしたが、ウァレリアヌス帝みずから策略にはまって捕虜となり、虐待されたという。すぐれた皇帝にもかかわらず、人生の最後にとてつもない屈辱に見舞われた。そのせいで、彼の皇帝としての声望はかすんでしまうのである。

写真27 ローマ軍兵士

コンスタンティヌスの凱旋門に彫られた、マルクス・アウレリウス帝時代の兵士たち

相次ぐ異民族の侵略

二六〇年、父帝が恥辱のなかで死んだので、残された息子ガリエヌスは一人で乗り切らなければならなくなった。

後世の伝承によれば、「若くして皇帝になったガリエヌスは実務にはげみ、見事にこなした」が、その後「贅沢に浸《ひた》り、ゲルマン人族長の娘に熱を上げて手のほどこしようがない」皇帝になったという。だが、この伝承は粉飾され誇張されており、ガリエヌスの実像とはかけ離れている。

半世紀におよぶ軍人皇帝時代、それはまさしく動乱のピークだった。この危急存亡の秋《とき》を為政者として生きるには、腹を据え、知恵を絞って、果敢に行動するしかない。ガリエヌスは、さまざまな意味で戦わなければならなかった。帝国は今にも崩《くず》れ去らんとしており、ここに秩序をもたらさなければならないのだ。

彼が単独の皇帝となってから二年の間に、少なくとも七人の僭称帝《せんしょうてい》(元老院が承認していない皇帝)が現われたのだから、その混乱・無秩序ぶりがわかる。高潔だった父帝の無様《ぶざま》な死が、皇帝の権威を失墜させていた。

西方の防衛を仕切ったガリエヌスのもとに、異民族の侵入の報が相次ぐ。その間、あれこれと軍事改革を断行する。とりわけ、機動力にすぐれた騎馬軍団を創設したのは特筆《とくひつ》に値《あたい》する。思慮深くも決断力に富《と》み、勇気あふれるのだから、世《よ》が世《よ》なら武勲と賢帝の誉《ほま》れを一身に集めたに違いない。だが、もはやローマは一枚岩の軍事力を誇示する時代ではなくなっていた。

ライン川流域にはゲルマン人の諸部族が出没し、ドナウ川流域にはゴート族、マルコマンニ族、クァディ族などが入れ替わり立ち替わり侵攻してくる。荒海のなかで大船がさまよっているかのようだった。ローマ帝国は、まさしく存亡の危機にあった。

東方での事態好転《こうてん》は、せめてもの救いであった。同盟関係にあるパルミュラ王オダエナトゥスがペルシア軍を撃退し、属州の反乱軍まで鎮圧してくれた。ガリエヌス帝はその功《こう》に、「東方の統治者」の称号を与えて報いている。

さらに、オダエナトゥスはペルシアへの攻勢に手を抜かず、クテシフォンまでも攻略した。小アジア北部では侵略したゴート族をしりぞけ、まさに「東方の統治者」にふさわしい実力を誇示した。だが、不運にも王国の内紛で殺されてしまう。

その王国を継いだのは王妃ゼノビアである。「その顔は日焼けして黒かったが、信じられないほどの美しさだった」と、後世の史伝は語っている。才色兼備であるばかりか勇敢であり、その覇権をローマは黙認せざるをえなかった。

内《うち》なる敵の出現

西部に目を転じると、事態はより深刻だった。『ローマ皇帝群像』では、ガリエヌス帝を「邪悪《じゃあく》な君主」と呼び、「対抗して皇帝を称する者が二〇人もいた」と書かれている。確かに西部の混乱はひどかったが、手強《てごわ》い勢力はかぎられており、手こずったのはガリア帝国である。

二六〇年、ゲルマニア総督ポストゥムスはみずから皇帝を宣言、ガリア、ブリタニア、ヒスパニアの覇権を握る。数年にわたってガリエヌス帝の攻勢をしりぞけ、分離帝国を存続させた。そこには、ガリエヌス軍はポストゥムス軍をガリアの奥地にまで追い込んだにもかかわらず、ガリエヌス自身が背中に矢を受けて傷つくという不運があった。そのため、作戦は打ち切られた。ポストゥムスの覇権は続き、事実上の独立国「ガリア帝国」となった。

東にパルミュラ王国があり、西にガリア帝国がはびこる。さらに、異民族の侵入は途絶えることがない。内憂外患《ないゆうがいかん》のなか、「邪悪な君主」が十数年も持ちこたえられるはずがない。むしろガリエヌス帝は、帝国の秩序を回復すべく刻苦勉励《こつくべんれい》したと言えなくもない。少なくとも、その努力と誠意は評価されてもいいだろう。

ローマ帝国の北辺では、ゴート族をはじめとしてゲルマン系部族が侵入を繰り返していた。小アジアすら荒し回るようになり、二六八年はじめには攻撃はますます激しくなる。押し寄せる侵略軍がアテネを略奪した時には、それをしりぞけることはできなかった。だが、バルカン半島内陸部のナイッソスでは激しく戦い、敵軍を打ち破った。

ガリエヌス陣の混乱に乗じて、ミラノでポストゥムスの反乱が起こり、その鎮圧のために部下のアウレオルスを派遣した。ところが、この男はポストゥムス軍に寝返り、挙げ句の果てに皇帝を僭称するのだから、たまったものではない。もはやゴート族との戦いにかまけている場合ではなかった。

ガリエヌスは軍勢を率いてイタリアに戻り、僭称帝アウレオルス軍を打ち破って僭称帝を追い詰める。ところが、敵襲来の偽《にせ》情報が流れた時、ガリエヌスは冷静さを失う。護衛も連れず無防備で幕舎から出たところを、側近の騎馬軍団の将校たちに斬り殺され、あえなく命を落とした。おそらく、なんらかの陰謀がからんでいたのであろう。

ガリエヌス帝の有能な将校であったクラウディウス二世が皇帝になる。前帝の殺害者にいかなる処罰もなかったのだから、彼自身も陰謀に加担していたのだろう。

彼はゴート族の遠征に熱意を傾け、これを見事に撃破したので、ゴート族を征《せい》した者を意味する「ゴティクス」の名をもらう。しかし、事実はかろうじて勝利したにすぎないともいう。やがて遠征先で疫病が発生し、皇帝自身も感染して息を引き取る。二七〇年夏のことだった。

真《しん》の評価

大混乱の時期に為政者として孤軍奮闘したガリエヌスは、ある意味では英雄として讃えられてもいいはずである。だが、正当に評価されないばかりか、悪意に満ちた酷評すらあ

写真28 記憶の断罪《だんざい》

カラカラ帝（右下）が命じた「記憶の断罪」によって、弟ゲタ帝（左下）の顔が削り取られたセプティミウス・セウェルス帝（右上）家族の絵（ベルリン美術館蔵）

る。記憶の断罪《だんざい》（ダムナティオ・メモリアエ。公式記録からその名を抹消すること、写真28）で処分され、碑文《ひぶん》から、その名が削除された形跡がある。

おそらく、元老院議員の多くを軍隊の高級職から締め出したことで、彼らの心証を損《そこ》ねたに違いない。

ガリエヌスにしてみれば、混乱した非常事態に、軍事経験の浅い文人肌の元老院議員を重用するわけにはいかない。ガリエヌスの施策は時代に応じて妥当なものであったが、元老院貴族たちの反感ばかりをかきたて、彼らの怨恨《えんこん》だけが後世に至るまで残ったのであろう。

庶民たちには良き為政者であり、芸術の保護者としても一役《ひとやく》かっている。キリスト教徒の側からすれば、父帝のキリスト教禁止令を破棄した善帝でもある。その後四〇年以上にもわたってローマ帝国では、信教の自由な時代が続いた。

このような歴史の采配《さいはい》を眺めると、まことにガリエヌスは「天の時」に恵まれない皇帝であったと言えるのではないか。

ディオクレティアヌス——混乱を鎮《しず》めた軍人皇帝

ガイウス・アウレリウス・ウァレリウス・ディオクレティアヌス（二四四〜三一一年）

乱世

われわれ日本人にとって、乱世と言えば戦国時代が思い浮かぶ。応仁《おうにん》の乱（一四六七年）から織田信長《おだのぶなが》による将軍足利義昭《あしかがよしあき》の追放（一五七三年）までの一〇〇年あまりの時期である。ローマにおける「軍人皇帝の時代」、あるいは「三世紀の危機」と呼ばれる半世紀は、この戦国時代の半分ほどである。だが、その激動と混乱の深さでは勝ることはあっても、いささかも劣ることはない。

そのような動乱を乗り越え、地中海世界にふたたび安定した秩序がもたらされた。その主役がディオクレティアヌスである。しかし、天下統一がなったからといって、いつまた皇帝僭称者や帝位簒奪者が出現するかもしれない。

ディオクレティアヌスは二四四年、バルカン半島のアドリア海沿岸にあるサロナ（現・クロアチアのスプリト）近郊で生まれた。身分は低かったが、軍人として頭角を現わし、駐屯《ちゅうとん》軍団の高級士官となっている。三〇歳前後には、ドナウ川中流域の陣営で指揮官を務めている。二八三年、カルス帝のペルシア遠征にあたって親衛騎兵隊の隊長として随行した。続くヌメリアヌス帝の時も、この地位を保持していた。

ディオクレティアヌスがかなりの策士《さくし》だったことはまちがいない。ヌメリアヌス帝が暗殺された直後に、集結した軍団の前で、ディオクレティアヌスは皇帝に擁立された。この時、彼はかたわらに立つ近衛隊長のアペルを自分の剣で殺してしまう。「この男の娘は皇帝に嫁いでいたので、帝位を狙った犯人であるから処刑したのだ」と言う。

あまりの手際《てぎわ》の良さからすれば、ヌメリアヌス帝暗殺計画の背後にディオクレティアヌスがいたと思われてもしかたがないだろう。

しかし、ただの策士ではなかったことも事実である。弟ヌメリアヌスの死後、兄カリヌスが共治帝として生きていた。軍勢ではカリヌス軍が勝《まさ》っていたが、幸運にも、カリヌス帝が恨みを持つ部下に殺されてしまう。もはや支配する者は、ディオクレティアヌス以外にいない。

だが、彼はカリヌス支持派の実力者たちに報復しなかった。そればかりか、彼らの多くを国家の要職に取り込んでさえいる。まさしく、為政者の慈悲を示したのである。

さらに、かつての戦友マクシミアヌスを共治帝に迎える。ディオクレティアヌス帝は帝国東部を治め、マクシミアヌス帝は帝国西部を担当した。最初の数年は、それぞれ軍事行動に費《つい》やされている。東北部辺境にはサルマタイ人が、東部辺境にはペルシア人が出没していたし、西部のガリアでは農民反乱が起こり、西北部辺境をゲルマン人が脅《おびや》かしていたからだ。

四〇歳を過ぎていたディオクレティアヌスには、娘が一人いるだけで、息子はいなかった。頼りとなる血族の後継者に恵まれなかったせいか、側近の将軍たちの助けが必要だったのだろう。やがて、政治を安定させ、辺境を平穏にするために二九三年、二人の正帝《せいてい》(アウグストゥス)と二人の副帝《ふくてい》(カエサル)で分担する四分治制《しぶんちせい》(テトラルキア)が布かれる。

この共治システムの導入には、後継者を明らかにしておく意味もあったらしい。なにしろ、帝位を狙うものがどこにひそんでいるのか予測もできない。もし、いずれかの帝位を簒奪しても、残りの三人は皇帝として対立しうる。同時多発テロでも成功させないかぎり、帝位の簒奪は無理難題となるわけである。

帝国内の改革

四分治制といっても、ディオクレティアヌス帝の知恵と判断が何よりも尊重されたことは言うまでもない。史書は「彼らは帝を仰ぎ見る、まるで父あるいは最高神を仰ぎ見るかのように」と伝えている。その指導力のもと、さまざまな改革が着手された。

最後の軍人皇帝らしく、まず兵員を倍増し、軍事力を強化した。帝国の行政にあっては、属州を細分化して再編し、全土を一二管区《かんく》にまとめた。それと共に、官僚制を整備し、文官と武官を切り離すことに努める。これによって、武官は軍事活動に専念でき、属州や管区にとらわれずに行動できるようになった。

改革の実施、とりわけ軍隊と官僚組織の維持のためには、何よりも税制を整備し通貨を安定させなければならない。人頭税《じんとうぜい》と土地税を組み合わせたカピタティオ・ユガティオ制が導入された。そのために、二九七年には帝国全土で人口調査と土地測量が実施されている。また、軍人皇帝時代以来インフレーションが深刻であったので、三〇一年には最高価格令が発布され、違反者には重罪が課された。

だが、これらの改革がどれほど功を奏したかとなると、疑問である。諸改革のなかでも異彩を放つのは、宗教面における改革である。

ディオクレティアヌス帝は金糸《きんし》を織り込んだ絹の礼服を身にまとい、宝石で飾られた靴を履《は》いて、祝祭の場に出る。オリエント風に跪《ひざまず》きながら拝礼する謁見《えっけん》儀礼を、臣下に要求し、皇帝は「ドミヌス（主人）」と呼ばれるようになる。自由人を尊重する古典古代の常識からすれば、大きな転機であった。

キリスト教の勃興

三世紀の混乱のなか、宮廷にも陣営にも、さまざまな辺境地の出身者があふれていた。それればかりか、陣営にはいわゆる蛮族の将校が闊歩《かっぽ》していたらしい。種々雑多な人々がおり、ローマ人としての教養や慣行をわきまえない者も少なくなかった。

共通の結びつきがほとんどなくなってしまえば、それほどローマにもイタリアにも親しみがないディオクレティアヌスでも、胸が痛む。実際、彼は生涯に一度しかローマを訪れていない。それでも、ローマ古来の神々は尊重させなければならないと願っていた。みずからが最高神ユピテル（写真29）の子となり、その威光の前に臣下を跪かせたかった。その権威こそが臣下の民に忠誠心と祖国愛を育《はぐく》むことを期待していたのだろう。

このため、治世の末期には、伝統宗教の再興を目指すようになる。ローマの神々への礼拝が義務づけられ、違反する者は罰せられた。しかし、キリスト教の信仰が否定されたわけではない。あくまでローマの神々への礼拝が義務づけられたのである。だから、それを拒絶することは国家の神々を否定することになる。

とりわけ、キリスト教徒に、ローマの神々への礼拝を拒否する者が目立った。彼らは迫

写真29 ユピテル神殿

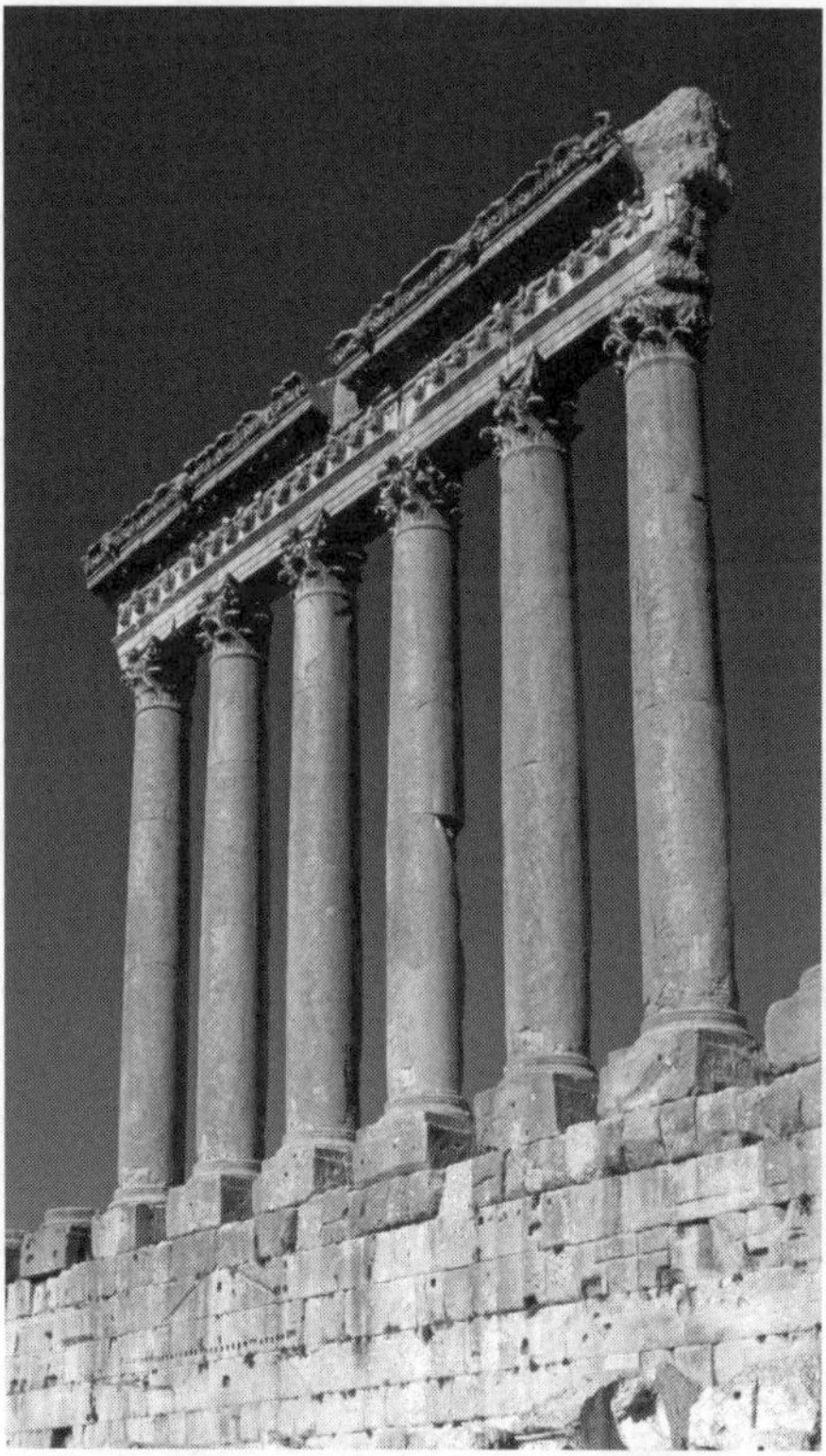

レバノンのバールベックはローマ帝国の聖地だった。同遺跡にある、最高神ユピテルを祭ったユピテル神殿跡

害され、処刑されて殉教することも少なくなかった。

三〇四年の最後の勅令《ちょくれい》では、「聖職者も一般信徒も等しくローマの神々を礼拝しない者《ひと》は死刑にする」とされた。迫害の実態は地域ごとに軽重さまざまであり、西部では穏やかだったが、東部では厳しかったという。

ラテン文学の復興を目指したディオクレティアヌスは、ラテン語修辞学教授としてアフリカ出身のラクタンティウスを小アジアに招いている。だが、この文人はキリスト教徒であり、大迫害期に失職してしまう。

皇帝に注がれた、文人のまなざしは厳しいものがあった。「ディオクレティアヌス帝は犯罪の創造者であり、邪悪の考案者である」とさえ語っている。のちにキリスト教が公認されると、ディオクレティアヌス帝のような迫害帝は、死後もその責任を追及された。

そのキリスト教時代に書かれた著作のなかでも、五世紀のゾシモスは、非キリスト教徒の皇帝にもかなり公平な目で筆を進めたらしい。しかし、彼の歴史書のなかでディオクレティアヌス帝の治世二〇年は失われている。熱狂的なキリスト教徒にとって、この迫害帝を高く評価するような文面は不都合で目障りだったのかもしれない。

それでも、ディオクレティアヌス帝が新時代の扉を開いたことだけは誰もが認めざるをえなかった。

見事な引《ひ》き際《ぎわ》

さらに、ディオクレティアヌスは驚くべきことをやってのける。在位二一年目の三〇五年、六一歳のディオクレティアヌスは進んで正帝の地位からしりぞいた。彼の説得もあって、忠実な同僚の正帝マクシミアヌスもしぶしぶ退位する。

皇帝として二〇年も働けば、もう十分に国家に尽くしたと思っていたのだろうか。病弱になり、体力の限界も感じていたのだろう。同時に、皇帝という公務のすさまじいばかりの重責について深く考えていたのかもしれない。未熟な青少年では担えず、体力も気力も衰える老人には重荷なのだ。

退位後、故郷の田園の豪華な別荘に住むディオクレティアヌスが一度だけ公《おおやけ》の場に姿を見せたことがある。後継者の間で激しい対立が繰り返されていたので、その復位を勧める声が上がった。彼は「わしが菜園に植えたキャベツの世話にどれほど心を砕いているか、それがわかれば、そんな頼みごとはできないはずだよ」と答えただけだった。

もちろん腰を上げることもなく、三一一年の初冬、別荘で息を引き取る。一説では、みずから食を断《た》って死んだというから、ストア派の賢人のごとき潔《いさぎよ》い死だったのかもしれない。

マクシミアヌスはディオクレティアヌスと共に退位したはずだったが、帝位に未練がある彼は、息子マクセンティウスの帝位簒奪と共に、隠棲先から呼び戻される。副帝のコンスタンティヌスに娘を嫁がせて、同盟関係を結んだりした。だが、混乱は深まるばかりであり、やがてマクシミアヌスはコンスタンティヌスに敗れ、自死を余儀なくされた。

キリスト教側からの非難はともかく、ディオクレティアヌスは変革期の統率者として類稀《たぐいまれ》な資質に恵まれていたのではないだろうか。決断力にすぐれ、すばやく行動するタイプであり、策士だが人情も兼《か》ね備えたタイプであり、明晰な洞察力で遠望しながら事《こと》を進めるタイプでもあった。

いずれのタイプというよりも、そのすべてを備えながら、臨機応変に使い分けた人物だったのだろう。それほど自己抑制のできる器《うつわ》がなければ、地中海世界帝国の落ち込んだ未曾有《みぞう》の危機を乗り越えることなどできなかったのである。

コンスタンティヌス——遷都と通貨改革を断行

ガイウス・フラウィウス・ウァレリウス・コンスタンティヌス（二七二〜三三七年）

皇帝が乱立!?

二九三年、正帝ディオクレティアヌスと正帝マクシミアヌスはそれぞれ、ガレリウスとコンスタンティウスを副帝に迎え、四分統治の形が整った。三〇五年、正帝二人が退位すると、副帝が正帝に昇格する。その後の八年間、これら正帝と副帝をめぐって、数人の主役が競い、内乱状態が生まれた。

コンスタンティヌスはバルカン半島内陸部に生まれ、少年期にはディオクレティアヌスの宮廷で過ごした。父の忠誠を保証するための人質だったという。やがて、軍隊の士官として活躍する。

父親のコンスタンティウスが正帝に就いた時、息子のコンスタンティヌスはガレリウス帝のもとで高級将校として仕えていた。自分が副帝に選ばれなかったことに不満だったらしい。西部にいる父帝の公務を助けたいと願い出て、許しを得る。やがて、父子は合流したが、この頃、父帝は健康にすぐれなかった。

三〇六年、父帝が死亡すると、すぐに軍隊は、息子コンスタンティヌスを後継者として、西の正帝とした。コンスタンティヌスは「臨終《りんじゅう》の床《とこ》での父帝の指示である」と主張したので、東の正帝ガレリウスもしりぞけることはできなかった。だが、やがて、おとなしく副帝に就任することになる。

三一一年、正帝ガレリウスが死ぬと、四人の皇帝が存在していた。一方にコンスタンティヌスとリキニウスの同盟があり、他方にマクセンティウスとマクシミヌス・ダイアの同盟があった。対立は深まり、事態は緊迫する。

三一二年、コンスタンティヌスはミルウィウス橋の戦いでマクセンティウスを圧倒。翌年、リキニウスはマクシミヌス・ダイアを打倒した。ここに、四分統治は終わり、コンスタンティヌスが西方の皇帝に、リキニウスが東方の皇帝に就いた。ディオクレティアヌスの懸念通り、簒奪帝が乱立する情況は鎮静したわけではなかったのだ。

キリスト教の公認

だが、決断力に富《と》むコンスタンティヌス帝は、これを乗り越えるべく大勝負に出る。弾圧し迫害してもけっして絶えることのないキリスト教徒を公認したのである。世《よ》に名高い三一三年の「ミラノ勅令」である。伝説では、天高く輝く十字架と「汝《なんじ》、これにて勝て」の文字を、ローマ進軍中の皇帝と兵士たちがその眼で見たという。その確信があってこそキリスト教を公認する気になった、と伝えられている。

コンスタンティヌスは、リキニウスと同盟関係にあったが、もともと協調して事態を進める気はなかった。彼は信仰心を持っていたが、軍司令官として天分《てんぶん》に恵まれ、広報活動の才覚もあり、意志強固な陰謀家で、悪事《あくじ》も厭《いと》わぬところもあった。直情に流されやすく、足並みをそろえて協力する性格ではないが、鷹揚《おうよう》なところもあったので、部下を従わせながら行動するのが向いていたのだろう。

リキニウスは、キリスト教を容認したとはいえ、異教の知識人とのつながりを失いたくなかった。しかし、コンスタンティヌスはいかなる場合にも、キリスト教の擁護者としてふるまう。このような態度の違いのため、リキニウスは、自軍のなかにキリスト教徒のスパイがいるのではないか、と疑うようになったという。

それと共に、キリスト教徒たちは、リキニウス帝を英雄コンスタンティヌスの憎むべき敵と見なすようになった。二人の対立が深まり、やがてコンスタンティヌス帝はリキニウス帝討伐に乗り出す。

ところで、コンスタンティヌスは抜きんでて背が高く、ことさら優雅であったという。体力で他の皇帝たちを圧倒し、時には恐れを感じさせるほどだった。それにも増して、すぐれた精神力を持ち、教養もあり、公正な判断力を備えていたという。だが、これらの叙述がキリスト教側の作家によるものであることは留意しておくべきだろう。

コンスタンティヌス帝はリキニウスをしりぞけた頃から、粗暴なふるまいが目立つようになる。それまで、慎重で温情にあふれ、善政を心がけていたかもしれないが、かつての盟友リキニウス帝を処刑することも厭わなかった。生来の独善的性格を隠さなくなり、全能の単独支配者としてふるまった。

挙げ句の果てに、自分の妻と息子を死に追いやる。先妻との息子クリスプスは不義密通《ふぎみっつう》の罪で処刑され、それに関連して後妻《ごさい》ファウスタの陰謀が取り沙汰《ざた》され、彼女は浴室の蒸気のなかで自殺したという。

身内二人の死後、コンスタンティヌスは罪の意識にさいなまれたというが、真偽のほどはわからない。ただし、この頃からキリスト教を優遇する方針が目立つようになったことは確かである。

歴史上もっとも成功した通貨制度

単独の皇帝となったコンスタンティヌスは、ディオクレティアヌス帝の改革路線を継承し、官僚制を基軸とする階層社会を整備する。また、野戦機動部隊を創設して、帝国内の軍隊の移動を円滑なものにした。また、小作農《こさくのう》の移動を禁じたり、職業の世襲化をはかったりして、社会と税収の安定に努めている。

さらに、ビザンティオン（現・トルコのイスタンブール）に大都市を計画、三三〇年、新しい首都として遷都する。その名は、のちにコンスタンティノープルに変わる。

もともとコンスタンティヌス帝の滞在地はゲルマニアの州都トリーアをはじめ、セルディカ（現・ブルガリアの首都ソフィア）やシルミウム（現・セルビアの首都ベオグラード）などを転々としていた。晩年の二〇年間、ローマを訪れたのは一度だけで、しかも短期にすぎない。ほどなくローマの親衛隊が解散されたから、もはやローマから首都の面影《おもかげ》が失われつつあった。ローマ帝国の重心が東にずれたのである。

それと共に、コンスタンティヌス帝は通貨改革を断行する。三世紀、軍事力を頼りとした皇帝が兵士の給料を払うために、銀の含有量の少ない銀貨の改鋳《かいちゅう》を繰り返した。通貨は底《そこ》なしに下落し、物価は天井《てんじょう》知らずに高騰する。多少の通貨改革ではインフレは止まらず、ディオクレティアヌス帝の時代に各品目の最高価格を定めて、違反者には重罪を課したが、むだだった。

どうも人間は、自分が生きている間だけなんとかなればいいと思うものらしい。子どもの代《だい》までならともかく、孫も曾孫《ひまご》も越えて、その先の時代まで考慮するのは生やさしいことではない。だが、ひときわ長身で体格に恵まれたコンスタンティヌス帝は、その精神にあっても骨太《ほねぶと》だった。混乱した経済活動を安定させるには、確固たる通貨制度が必要と信じて疑わなかった。

そして、ローマの重量単位一ポンドから七二枚の金貨を造ることにして、その金貨を「ソリドゥス［solidus］」と命名した。驚くべきことに、ソリドゥス金貨（写真30）の純度は十一世紀後半まで七〇〇年にわたって維持された。実際、一四五三年にコンスタンティノープルが陥落するまで、理論上は同じ基準だった。

そこには、通貨改悪による経済と社会の混乱から学んだコンスタンティヌスの並々ならぬ決意があったに違いない。

コンスタンティヌス帝は「最上の行ないとは、すべて神の思し召《おぼめ》しであり、神の命令を実行するのが人間なのだ」と語っている。キリスト教の公認後、これを厚遇し、ローマ帝国を再建するために大胆な遷都までも成し遂げた絶大なる権力者。そこには神々《こうごう》しいばかりの皇帝の姿があったかもしれない。

その威光の輝きは、数百年にわたって地中海世界を中心とするユーラシア西部を照らし続けたのだろう。それこそ、ソリドゥス金貨の純度を輝かせ続けたものではないだろうか。今日《こんにち》、ドルが貨幣記号に$を用いるのは、ソリドゥスの長期にわたる安定した通用力にならうべく願ったことにある。

コンスタンティヌス帝は古代の為政者にふさわしく、何よりも軍人としての栄光を切望していた。ライン川やドナウ川の流れる北方辺境地に遠征してゲルマン諸族を制圧し、宗主国《そうしゅこく》としてのローマの覇権を認めさせている。最晩年には、ペルシア遠征を試《こころ》み、ペルシア人のキリスト教化をもくろんでいたらしい。もちろん、この計画は実現しなかった。

三三七年、六五歳のコンスタンティヌス大

写真30 ソリドゥス金貨

コンスタンティヌス帝が彫られたソリドゥス金貨。ソリドゥスのために戦う者の意味から、「ソルジャー(兵士)」の語源ともなった

帝が、この世《よ》を去る。死に臨んでキリスト教の洗礼を受けたと言われ、コンスタンティノープルの教会に埋葬された。首都はいまだにローマにあると思っていた同市民には衝撃であり、彼らは故人となった大帝に怒ったという。

その葬礼は、キリスト教公認を広く知らしめるかのようであった。唯一神の救いに与《あずか》ろうとする民衆の心と、帝国を再建しようとする支配者の意志とが重なったのだ。多神教世界帝国が一神教世界帝国へと変貌する、その下地ができたのである。しかしながら、その変貌は必ずしも平坦ではなかった。

ユリアヌス——キリスト教の欺瞞《ぎまん》と堕落《だらく》を見抜く

フラウィウス・クラウディウス・ユリアヌス（三三一頃〜三六三年）

血で血を争う権力闘争のなかで

コンスタンティヌス大帝の死後、首都コンスタンティノープルでは軍隊が反乱を起こす。やがて、ファウスタとの間に生まれた大帝の三人の息子が後継者となった。彼らを除いて、親族のほとんどが殺され、大帝の異母弟であるユリアヌスの父も殺戮の刃《やいば》に倒れた。その時ユリアヌスは六歳、異母兄ガルスは一〇歳。二人とも幼かったので、生き残ることができた。

大帝の三人の息子たちは抗争を繰り返し、ガルスとユリアヌスは成長するにつれ、猜疑の目にさらされながら、僻地《へきち》カッパドキアの離宮に幽閉された。そこでは、二人とも、集会の朗読者として活動したが、ユリアヌスは近隣にある司教の図書室に足しげく通ったらしい。六年後に首都に戻り、さらにニコメディア、エフェソスで学びながら、異教諸派の思想に触れたという。

帝位をめぐる混乱のなかから、次男のコンスタンティウス二世（一世はコンスタンティヌス大帝の父コンスタンティウス）が、単独の皇帝として君臨した。歴史家は「虚栄心だらけの愚か者であり、側近の宦官《かんがん》たちに害されている」と非難する。だが、皇帝は大帝の体制を強化し、統治の安定に努めた。

コンスタンティウス二世には男児がいなかったし、単独統治の困難さも身に沁《し》みていた。親族のなかで生き残っているのは、従兄弟のガルスとユリアヌスしかいない。最初は兄ガルスを副帝に任じたが、疑《うたぐ》り深いガルスは無実の者すら殺してしまうほどだった。自分の不明に気づいたコンスタンティウス二世はガルスを処刑し、弟ユリアヌスに目を向ける。

三五五年、二四歳のユリアヌスはその頃アテネに留学していたが、皇帝は彼を副帝に迎え、末妹ヘレナを嫁がせて絆を深めた。

卓越した軍隊指揮

コンスタンティウス二世はさっそく国境の不穏なガリアにユリアヌスを派遣する。すると、ユリアヌスはゲルマン人を難《なん》なく撃退してしまう。軍事経験などなかったのだから、これは驚くべきことだった。指揮官として、天性の資質に恵まれていたに違いない。おそらく、すぐれた観察力で、配下の部下たちの言動を的確に理解していたのだろう。

さらにまた、連年の遠征でもゲルマン諸族をしりぞけ、ライン川の国境を回復した。ブリタニアに渡っても、原住民の反乱を鎮圧し、この地におけるローマの覇権を確認させた。また、軍事面のみならず行政面でも、安定した属州には減税をほどこしたから、ユリアヌスの声望は高まる。軍隊と民衆の間で、彼を支持する動きが目立つようになったため、コンスタンティウス帝は恐れをいだくようになったという。

この頃、ローマ帝国の東部にあっては、ペルシア帝国との戦争が長引いていた。この東部戦線の苦境に乗じて、コンスタンティウス帝はユリアヌスの率いる軍団のなかから精鋭を抜擢して、対ペルシア戦にあたらせようとした。それは副帝ユリアヌスの軍事力を削《そ》ぐことを意味する。

パリにいたユリアヌス軍の兵士たちは、コンスタンティウス帝の方策に反感をいだき、ユリアヌスを正帝に擁立する。もちろん、コンスタンティウス帝はこれを承認しない。ユリアヌス自身も兵士たちの歓呼をよしとせず、なおコンスタンティウス帝との協調体制を模索したという。だが、事態は緊迫しており、コンスタンティウス帝はユリアヌス討伐の軍団を率いる準備を始める。

事《こと》ここに至っては、ユリアヌスも静観するわけにはいかず、三六一年春、ユリアヌスも東進の軍団を率いて対抗しようとした。だが、その局面でも、ユリアヌスはコンスタンティウス帝との話し合いを望んでいたという。

同年十一月、戦局は思いがけなく終結する。ユリアヌス軍を迎え撃つべくコンスタンティウス軍はアンティオキアを出発したが、途中の小アジアで皇帝は熱病で急死してしまったのだ。しかも、コンスタンティウス二世の遺言状を開くと、そこには意外にもユリアヌスが後継者に指名されていたという。

キリスト教徒への反感

同年末、ユリアヌスはコンスタンティノープルに入城する。ユリアヌスの基本姿勢は、信教の自由——異教もキリスト教も個々人の信教は認められる——であった。追放されていた聖職者は呼び戻される。また、宮廷の人員は削減され、税金の未納額も減免したが、国家財政は皇帝の権限下に集中させた。

帝国の各都市で指導的役割を託されていたのは、都市参事会議員だった。だが、その頃彼らのなかには困窮する者が多く、これら没落しつつある地方都市の有力者に、救済の手を差し伸べる諸改革が断行される。この階層こそ、ユリアヌスの異教復興の社会的基盤として期待されたからである。

古来の神々への祭儀を復興しようとしたため、「背教者」と呼ばれたユリアヌス。彼はある意味で、もっとも時代のムードを身に帯《お》びていた人物であったかもしれない。というのは、もはや物欲にかまける時代は退潮し、人々は富《とみ》や欲望に振り回される生活にどこかむなしさを感じていた。それだからこそ、清貧を旨とするキリスト教が威勢を増していたのだ。

そのような風潮のなか、キリスト教は公認され、厚遇され、権力者の保護が当たり前になっていた。体制化した宗教はどこかで淀《よど》み、濁《にご》ってくる。心を澄《す》まして目を凝《こ》らせば、狂おしくなるほど気に障《さわ》る。ユリアヌスのような繊細な精神には、もはやキリスト教はまやかしにすぎず、おぞましいものにしか映らなかった。彼からすれば、どうしようもなく腹立たしかっただろう。

「神々を恐れぬガリラヤ人」どもは、幼児を甘い菓子で何度もだますごとく、友愛や隣人愛や自己犠牲という甘い言葉で、多くの人々をたぶらかし、崇《あが》めるべき神々への畏敬から遠ざけているようだった。

　ユリアヌスは哲学に傾倒し、ミトラス信仰をはじめとする諸々の密儀宗教にも参入していた。そのような敬神《けいしん》の徒《と》から見れば、人間集団を守護してくれる神々への祭儀を拒《こば》む一神教こそ、無神論に感じられただろう。

　だからといって、彼はキリスト教徒を暴力で弾圧しようとはしなかった。迫害すれば、また殉教者の美談が次々に生まれるだけだ。ユリアヌスは、これら無神論者の迷妄《めいもう》をたたくべく、痛烈な論陣を張る。彼は著述に卓越しており、数多くのギリシア語の著作を物《もの》にしている。

　だが、その成果となると、必ずしもはかばかしくなかった。知性にすぐれ理想主義を奉《ほう》じながら、かたくなな熱狂が目についた。そればかりか、禁欲主義のせいか、彼は劇場や戦車競走のような娯楽を蔑視《べっし》したので、民衆の反感をかうこともあった。

　皮肉に見れば、ユリアヌスの姿勢こそはキリスト教徒のあるべき敬虔《けいけん》な姿であった。彼は、キリスト教の堕落に誰よりも気づいていたのかもしれない。ユリアヌスの異教復興策は時代錯誤ではなく、むしろ時代の底にひそむ声を逸早《いちはや》く感じ取っていたとも言えるのである。

しかし、ユリアヌスにふりかかる運命は過酷であった。三六三年、ペルシア遠征軍を率いてユーフラテス川を下り、ティグリス川を渡る。敵軍の諸都市と城塞《じょうさい》を奪い、ユリアヌス軍の快進撃が続く。だが、首都クテシフォンの攻略を果たせず、撤退する戦いのなかで、おびただしい槍が降り注いだ。その流れ槍でユリアヌスは傷を負い、まもなく息を引き取るのである。

単独の皇帝になって、二年しか経っていなかった。享年三二歳、有能な為政者の早すぎる死であった。

アンブロシウス——皇帝に勝利した宗教家

アンブロシウス（三四〇頃〜三九七年）

洗礼を受けていない司教

はたして、一人の人間の力で歴史はどれほど動くのか——。チンギス・ハンがいなければモンゴル帝国は成立しなかったのか。ナポレオンがいなかったら第一帝政は生まれなかったのか。レーニンがいなかったらロシア革命は起こらなかったのか。ヒトラーがいなければ第二次世界大戦はなかったのか。そのような疑問を持つ時、考えさせられる人物がいる。本項のアンブロシウス（写真31）である。

ユリアヌス帝の死後、帝国にはふたたび暗雲が立ち込める。混乱のなかで、「キリスト教を偏愛し知識人を毛嫌いした」兄弟皇帝ウァレンティニアヌス一世とウァレンス、実務能力に欠ける若輩皇帝グラティアヌス、あるいは幼帝ウァレンティニアヌス二世、簒奪帝マクシムスと続く。混迷は深まるばかりだった。

それと共に、辺境外に住むゲルマン人部族がにわかに騒がしくなっていた。その背後では、東方の内陸アジアから騎馬遊牧民がなだれこみ、ゲルマン人の居住地を圧迫していた。三七六年、西ゴート族はドナウ川を渡って帝国内に移住し始める。世《よ》に言う、ゲルマン民族の大移動である。だが、迎える地元の官吏《かんり》たちは横暴であり、食糧もまた不足しがちだった。そのため、ゲルマン人移住者は暴徒と化してしまう。ローマ軍はその暴動の鎮圧にあたったが、ほとんど全滅という惨状だった。

三七九年、そのような混乱のなか、東部の皇帝になったのが軍人テオドシウスである。彼は、東部ではゲルマン人を同盟部族として定住を認め、西部では反乱を鎮圧し簒奪政権

写真31 アンブロシウス

聖人アンブロシウスを描いたモザイク画(サンタンブロージョ教会蔵)

を打倒している。注目されるのは、これら軍事力の主要部分が、ゲルマン人などの異民族で占められていくことである。そこには、帝国の変化の兆《きざ》しがひそんでいた。

この時代のミラノに、アンブロシウスという人物がいた。帝国高官の息子としてローマで生まれ、法律や修辞学の高い教育を受けている。属州出身者が多い時代に珍しく、生粋の〝ローマっ子〟だった。若くして政治の世界に進出し、有能な官吏として活躍する。三五歳の頃はイタリア北部の州知事として活躍した。

その頃、ミラノでは宗派抗争が繰り返されており、アンブロシウスは収拾に乗り出した。彼はあざやかな手さばきで事態を解決したという。たまたま司教が亡くなると、はからずも歓呼する民衆から後任の司教に推挙されてしまう。そもそも、彼は聖職者ではない。本人は洗礼さえ受けていなかったから、異例のことだった。

皇帝権力をしのぐ

アンブロシウスは司教になると、異端派の聖職者を罷免《ひめん》したり、宮廷内の異端支持勢力を抑えたりした。その影響力は、しだいに誰もおよばないほどになる。弁舌の才にすぐれ、その魅力的な人柄から、民衆は彼に付き従った。

テオドシウス帝の妃《きさき》ガッラの母は、キリスト教の異端であるアリウス派を信奉していた。この母后は、アリウス派を優遇するように教会に呼びかけたが、アンブロシウスは意《い》に介《かい》さなかった。司教追放さえ命じられたが、微動だにしなかったという。

ほどなく、キリスト教徒がユダヤ教会を焼き打ちする事件が起こった。ミラノ滞在中のテオドシウス帝は、加害者の負担で再建するように命じる。だが、キリスト教徒を擁護するアンブロシウスは、この勅命を撤回するように要求した。「宮殿のなかで私の言うことを聞いたほうが身のためですぞ。さもなくば、教会で私の説教を聞くことにもなりかねないのです」と脅迫文まがいの要望書を書いたのだ。

さらに彼は、ローマの元老院から、ヴィクトリア女神祭壇を撤去させる。当時、帝国ではキリスト教は公認されていたとはいえ、国教であったわけではない。神々を奉《ほう》じる異教の信仰も認められていたから、祭壇復旧を願い出る名門貴族のシンマクスと論争になった。

「帝国の繁栄は、ローマ古来の神々を敬うことにかかっている」と唱えるシンマクスに対し、「キリスト教徒は異教徒にキリストの祭壇を拝することを強《し》いてはいないから、異教徒も同じようにすべきだ」とアンブロシウスは反論する。結局、女神祭壇は復旧されなかった。

三九〇年、エーゲ海北岸のテサロニケで、民衆七〇〇〇人が軍隊に虐殺された。同性愛の禁令を犯《おか》したかどで、人気のある戦車駁者《ぎょしゃ》が、守備隊長に捕らえられた。だが、民衆は守備隊長を殺してしまう。この知らせに激怒したテオドシウス帝が軍隊の報復処置を許したのである。

これを知ったアンブロシウスは、教会会議で皇帝の有罪を宣告し、教会への立ち入りを禁止する。皇帝みずから公《おおやけ》に罪を懺悔《ざんげ》しなければ、禁令は解けないと迫った。帝ははじめ勧告に従わなかったが、やがて屈服し、教会の聖礼典《せいれいてん》を受けた。

俗《ぞく》なる帝権への聖《せい》なる教権の勝利であった。なにやら、十一世紀のカノッサの屈辱を思い出させるではないか。時の神聖ローマ皇帝が雪のなかで三日三晩も待たされ、教皇から破門《はもん》を解かれたという、あの出来事である。

キリスト教の勢いが増せば増すほど、異教徒貴族もさらに必死になる。このような動きを察知したアンブロシウスは、皇帝に書簡を送る。

「ローマ帝国支配下の万人《ばんにん》が、地上の支配者にして元首たる陛下方《がた》のために戦うごとく、陛下方は、全能の神と聖なる信仰のために戦っておられます。なぜなら各人が真の神、すなわち万物を統《す》べ給《たま》うキリスト教徒の神を真に拝さぬかぎり、救済は確保されないからです。なんとなれば、この神こそ心の底から崇《あが》められるべき真なる唯一神なのです。聖書にあるごとく、異教徒の神々は悪魔なのですから」

かくして三九一年には異教神殿は閉鎖され、その翌年の全面禁止と共に、キリスト教はローマ帝国の国教となるのである。

宗教家か、経世家《けいせいか》か?

アンブロシウスの姉は修道女として知られており、このためにアンブロシウスは貞潔であることを熱烈に擁護している。彼自身も生涯独身であったらしい。

アウグスティヌスは、アンブロシウスの手で洗礼をほどこされた。彼は若くしてマニ教にはまり、肉欲に煩悶《はんもん》する日々だった。そこから回心《かいしん》するなかで、アンブロシウスを尊敬し続けたが、「彼の独身生活は、私にはつらいことのように思えた」と正直に語っている。後世に古代最大の教父として名高いアウグスティヌスの言葉だから、なおさら凡俗《ぼんぞく》の徒《と》にはほほえましくもある。

アンブロシウスという人物には、戦闘的教父の原型と言える面もあるが、やさしく人の心に語りかける慈父《じふ》のようなところもあった。実力派のテオドシウス帝さえも、イタリアでは司教の威光に屈《くつ》しなければならなかったのだ。

アンブロシウスは、現代ならフォードやロックフェラーのような実業家肌の人間だったかもしれない。

テオドシウス帝の逝去後、二年を経てアンブロシウスもこの世《よ》を去る。それにしても、この一筋縄ではいかない、したたかな男がいなかったら、歴史はどうなっていただろうか。まだ揺れ動いていたキリスト教会が、一本筋の通った堅固な母体を築き上げることができただろうか。さらに、キリスト教会がその後の世界を牽引《けんいん》する力となりえただろうか。そう思えば、歴史における個人の役割をあらためて考えさせる素材でもある。

テオドシウス――キリスト教を国教とした最後の単独帝

フラウィウス・テオドシウス（三四六〜三九五年）

熟慮慎重、時に果敢

ヒスパニア出身のテオドシウス（写真32）の父は、そこに所領地を持っており、軍人として有能であった。皇帝ウァレンティニアヌス一世に仕え、ブリタニアの再建に貢献した。だが、北アフリカでは残虐とも言える司令官ぶりを示したので、皇帝死後の混乱のなかで不運にも処刑されたという。

テオドシウスはヒスパニアに生まれ、三〇歳前には、軍を率いて辺境の防備にあたっていた。ドナウ川中流域ではサルマティア人の襲撃をしりぞけたが、父親の処刑のあおりで、辞任に追い込まれている。ウァレンス帝の死後、西のグラティアヌス帝は東の皇帝としてテオドシウスに白羽《しらは》の矢を立てた。

テオドシウスは皇帝になるとすぐに洗礼を受ける。彼の宮廷は、ほとんどが正統派のキリスト教徒で占められていたという。ゲルマン民族の大移動にともなう暴動ではゴート族との講和を目指し、東部地域の安定に努めた。だが、ローマ人とゲルマン人の協調は曖昧《あいまい》な面があり、居住を許可されたゲルマン人は部族の首領の権威に服しながら、ローマの同盟軍として戦うことになっていた。

三八三年、西部の皇帝グラティアヌスがパリ滞在中に刺殺された。主犯はブリタニア総督マクシムスであったが、やっかいなことにテオドシウスと血縁関係にあった。簒奪帝となったのだから、東部のテオドシウスは毅然と対処すべきだった。

テオドシウスはもともと、慎重で腰が重いところがあったらしい。政敵からは「うすのろ」の異名をもらうほどで、すぐに内戦に踏み切れなかった。

ゴート族は略奪のかぎりを尽くしていたし、その背後ではフン族とペルシア軍が迫り、今にも侵入しかねない情勢だった。こうしたなか、テオドシウスは簒奪者マクシムスに曖昧な内容の手紙をしたため、真意を隠すしかなかった。単純なマクシムスはそれを手前勝手に解《かい》して、幼帝ウァレンティニアヌス二世の治めるイタリアを狙う。口実は、国境の守備を強化することだった。

その頃、簒奪帝マクシムスの横暴を恐れて、ウァレンティニアヌス二世の母ユスティナは幼帝と娘ガッラを連れて、テオドシウス帝のもとに身を寄せていた。美少女ガッラに魅《み》せられたテオドシウス帝は、これまでの優柔不断ぶりをかなぐり捨てて、決然とマクシムス討伐の軍を起こす。実にあざやかな電撃作戦で、パンノニアの決戦で敵を粉砕した。敗北したマクシムスは斬首《ざんしゅ》されたという。
ほどなくテオドシウスは麗《うるわ》しきガッラを妃に迎え、イタリアにおもむいて、ミラノに滞在した。

写真32 テオドシウス

テオドシウス帝(中央)が彫られた銀製プレート
(メリダ考古学博物館蔵)

その死と帝国分裂

テオドシウスは、敬虔な正統派の信徒として、キリスト教の擁護に熱意を傾けた。三九一年、すべての神殿が閉じられ、その翌年には神々の異教祭儀を禁止してしまう。これは事実上、キリスト教を国教としたことになる。
熟慮慎重にして果敢なところもあ

る有能なテオドシウス帝ですら、頭の上がらない人物がいた。皇帝就任にあたって恩義に与《あずか》った、ミラノ司教アンブロシウスである。しかも、彼の采配《さいはい》で、異教の勢いは鳴《な》りをひそめ、キリスト教内部の異端もしりぞけられつつあった。

前年、腹心の部下がテッサロニケ市民に殺された腹いせに、テオドシウス帝はその市民の大虐殺を命じた。このあたりは、時に非道ぶりを示し、反感をかった父親と似ているのかもしれない。しかし、聖者アンブロシウスに破門されたテオドシウスはしおらしく改《かい》悛《しゅん》の意を示し、教会への復帰を認められた。

三九二年、ヴァレンティニアヌス二世の死にともなって、ふたたび簒奪帝が現われた。慎重なテオドシウス帝はここでもすぐには行動しない。二年後、討伐軍を起こし、幸運にも敵陣が砂塵《さじん》の嵐で総崩れになったために、敗退させた。

テオドシウス帝はミラノに凱旋したが、ほどなく病《やまい》に倒れ、三九五年、まだ五〇歳に届かないうちに、世《よ》を去った。テオドシウスの死後、ローマ帝国は息子二人に分割継承された。だが、その東西に分かれた帝国は、ふたたび統一されることはなかった。

アウグスティヌス――歴史の転換を感じていた教父《きょうふ》

アウレリウス・アウグスティヌス（三五四〜四三〇年）

学び、遊び、悩む

三八七年の復活節《ふっかつせつ》前夜だった。ミラノ司教アンブロシウスが、子連れの中年男を洗礼した。男には一五年間連れ添った内縁の妻がいたが、二人は心ならずも離別していた。やがて、男は故郷のアフリカに帰り、友人数名と共に、静かな修道生活を送る。学識も深く高潔な人柄であったので、やがて沿岸都市ヒッポの司祭《しさい》に選ばれ、三九六年には司教になった。その後三十数年の後半生《こうはんせい》は、キリスト教会のために捧げられた。

この男の名はアウグスティヌス、やがて古代最大の教父となる人物である。彼は北アフリカの山奥にある都市タガステで生まれている。父は菜園や農耕地を持つ小地主であり、キリスト教徒ではなかった。だが、母モニカは熱心なキリスト教徒であり、アウグスティヌスはこの母からキリスト教を学んだという。

幼少期を故郷で過ごしたあと、近隣の都市マダウラに出て文法学を学んでいる。母に感化されやすい故郷を離れ、異教文化の濃厚な地で学習したために、アウグスティヌスは恋愛詩を読み耽《ふけ》る異教色の強い文学少年になった。一六歳の時に帰郷したが、無為に過ごした一年だったらしい。

やがて州都カルタゴに出て、弁論のための修辞学を学ぶことになる。彼はラテン語を磨くことを心がけ、特にキケロの著作を読み漁《あさ》った。そのような学徒生活のなか、知恵を探究し、真理を認識することに目覚めていく。

だが、生《き》まじめなだけの学究生活を送ったわけではない。カルタゴは遊学の地でもある。歓楽の都に誘惑され、演劇にうつつをぬかし、かなり放縦な生活を送ったとも語っている。卑《いや》しい身分の女性と同棲もして、二人の間には男児が生まれている。この女性との同棲は一五年ほど続いたという。このような生活について、のちにアウグスティヌスは自責の念をもって告白しているが、当時の若者にはありふれたことだった。

二二歳の頃から七年間、アウグスティヌスはカルタゴで修辞学を教えたが、修辞学の専門家であるだけでは満足しなかった。それと共に、富《とみ》や名声が幸福をもたらすわけではないことにも気づいていく。

当時の北アフリカでは新興のマニ教が勢いを持ち、自派こそ真のキリスト教とすら訴えていた。キリスト教会の権威主義に嫌気がさしていたアウグスティヌスは、善悪二元論をかかげるマニ教に強く惹《ひ》かれたという。とはいえ、マニ教徒と交わりながらも、彼の底流にはキリスト教の信仰心がひそんでいたに違いない。

二九歳の時、首都ローマに渡り、やはり修辞学の教鞭《きょうべん》を執《と》ったが、謝礼も払わない学生たちに困り果てたという。翌年には、ミラノの修辞学教師の職を得た。そこで、ミラノ司教アンブロシウスの説教を聞く機会に恵まれる。偉大なる司教の人格と説得力ある言葉は、アウグスティヌスの心を大いに揺さぶった。

彼はこの頃、物質ならざる存在を重んじる新プラトン主義の教説に目を開かされ、聖書のなかに神の恩寵《おんちょう》が讃えられていることを知る。しかしながら、母の希望で、公職獲得に有利な身分の高い妻を迎えるために内縁の女性と別れてもいる。

しかも、婚約者は法定の一二歳にも満たない少女だったので、別の女と関係を持ってしまう。信仰者アウグスティヌスは、愛欲を絶ち切れないのだった。そのような葛藤と苦悶が、やがてのちに『告白』を書かせることになる。

信仰と信心

アウグスティヌスが「宴楽《えんらく》と泥酔《でいすい》、淫乱《いんらん》と好色、争いと妬《ねた》み」を捨て去り、不惑《ふわく》の平安のなかで、新しい人生を歩み出したのは三二歳の時だった。胸を病《や》んでいたので教職をしりぞき、ミラノ郊外で隠遁《いんとん》生活に転じた。翌年、敬愛する司教アンブロシウスの手で洗礼をほどこされた。

家族と友人と共にミラノを離れた旅の途中、五六歳の母モニカが病に倒れ、亡くなってしまう。アウグスティヌスの『告白』は、この信仰深い母親の魂が天に召《め》された時をもって終了している。

母と死別後、アウグスティヌスはローマに一年ほど滞在し、学問と信仰に明け暮れた。その後、三四歳の時に北アフリカに渡り、故郷タガステに戻って、友人たちと共に修道生活に入った。やがて、三七歳の時、まわりの人々の要望に従って、ヒッポの司祭になり、講壇で説教することになる。四二歳の時には、前司教の死後に司教となった。

この司教就任後、アウグスティヌスは、公人として信仰者を教導し、教会統一を推進していく。時を経るにつれ、彼の信仰はますます深められていった。教会分裂の危機をともなうドナトゥス派の運動に対抗して唱導し、筆を執《と》ったこともある。ドナトゥス派はのちに破門されることになった。

帝国の没落と迷える民衆

この頃から、ローマ帝国の威光はかすみ、没落しつつあるという実感があった。特に四一〇年夏、アラリックの率いる西ゴートのゲルマン軍勢がローマに侵入し、都を荒らしてから、雲行きはあやしくなる。

このような災いが降りかかるのはキリスト教が広がったからである、と異教徒たちは攻撃していた。これらの非難からキリスト教を擁護するために、アウグスティヌスは論陣を張る。やがて、異教弾劾《だんがい》を踏み台として、現世《げんせ》と対比される来世《らいせ》という理念に至り、『神の国』全二二巻が執筆されるのである。

この大著《たいちょ》は信仰の書というよりも歴史哲学の書であり、歴史における一大転換期の意味を、神の摂理《せつり》が導く筋道のなかで説いている。

まず、神々への崇拝はこの世《よ》の繁栄のためには不可欠な前段であったとして、異教徒の非難をかわす。それと共に、災厄はいつの時代にも降りかかるものであり、来世の救済に与《あずか》るには、神々への崇拝は無力であると論破《ろんぱ》する。そして、神を愛する謙虚な信徒からなる神の国（天の国）と、自分しか愛せない高慢の輩《やから》からなる悪魔の国（地の国）とが対立する構図のなかで、人類史が描かれ、それぞれの国に定められた終末が訪れる、と語りかける。

知性も洞察力も備えたアウグスティヌスにとって、人間は目に見えない大きな力によって動かされていると思われた。その力によって生かされている自分こそが真の自己であり、それは魂と呼ばれるものと考えるに至る。

すでに三世紀の哲学者プロティノスによって、万物はひとつのもの、唯一のものに溶《と》け込むと述べられていた。プロティノスは新プラトン主義者であり、キリスト教徒ではなかった。だが、臨終の時に「今、私はわれわれの内《うち》にある神的なものを、万有の内なる神的なもののもとへと上昇させるように努めているのだ」と語ったという。

アウグスティヌスは、この発言を賢者の言葉のごとく取り上げている。そこには、異教徒であってもキリスト教徒であっても、何か内なるものに目を向け、ある神的なものが存在するのだという内省があるかのようである。

だからといって、民衆にあの世《よ》への関心が高まっていたとするほど、問題は単純ではない。何か得体《えたい》の知れない巨大な変動がひそんでいるかのように感じられていた。だから、それを超える絶大なる存在に頼ろうとするのは、自然の成り行きだった。もはや小さい力しかふるえない神々では、手のほどこしようもない事態に直面しているのだ。ここにあって人間を救い出すことができるのは、全知全能の唯一神だけである。

そのような時代の気分を明確にとらえながら、アウグスティヌスは雑多な事柄《ことがら》にも神の摂理を見出そうとしたのである。

古典古代の終わり

これより六〇〇年前、ギリシア人歴史家ポリュビオスは、世界が大きな力に飲み込まれていくのを実感し、『世界史』を書いている。それは強大な軍事力を持つローマが世界を併合しまとめあげようとする時代であった。その時の流れは、誰の目にも見える形のはっきりしたものであった。

だが、六〇〇年後を生きるアウグスティヌスには、それとはまったく異なる巨大な変化が感じられるのだった。それは目にこそ見えないが、もっと深いところで大規模に変わりつつある世界であっただろう。

その変化は、時として熱狂の嵐となることがある。アレクサンドリアの街にヒュパティアという中年女性がいた。彼女は、男のごとく哲学者の外衣《がいい》を着ており、誰の質問にも、相手の知識や気分にふさわしい口調で必ず答えてくれる。プラトン、アリストテレス、プロティノスについて問われれば、書物を繙《ひもと》かずにすらすらと説明したという。当代きっての名高い哲学者であった。

しかし、キリスト教徒たちの信じるところでは、ヒュパティアは淫乱で妖術師の饗宴《きょうえん》に出入りする女であった。しかも、石を投げつけたキリスト教徒を拷問《ごうもん》して処刑した属州知事の館を、しばしば訪ねているのだ。キリスト教徒たちは、このヒュパティアを血祭りに上げようと狙っていた。

ある夕刻、帰宅中のヒュパティアに石が投げられたので、彼女は逃げる。石は雨のように降り注ぎ、ヒュパティアは近くの教会に駆け込んだ。だが、その教会こそ、司祭たちが嬲《なぶ》り殺しにしようと待ち構えている場所だった。ヒュパティアが身動きしなくなると、裸にして、ずたずたに肉を切り刻んでしまう。その血の滴《したた》る肉片をかざしながら、キリスト教徒たちは、街を行進したという。

この事件は四一五年に起こった。アウグスティヌスが生きている同時代の出来事である。キリスト教徒であれば「汝《なんじ》の敵を愛せよ」と教えられていたはずである。その敬虔であるべき信徒が、なぜこれほどまでに狂信の徒になれるのだろうか。

まがりなりにも、キリスト教はすでに国教であった。だが、キリスト教に帰依《きえ》することを潔《いさぎよ》しとしない人々もいた。これら異教徒をとげとげしい目で見るキリスト教徒も少なくなかった。なかには、キリスト教徒でないことはもはや許されないと思う人々もいた。

そういう気分が高揚する時、キリスト教徒が異教徒を迫害するという事件が起こった。ヒュパティアの話は、その小さな一例である。

アウグスティヌスは、晩年に膨大な自作の数々について回顧している。彼の著作の大半は残存しており、「内なる魂は神の恩寵によってのみ救われる」ことが説かれている。

四二九年、ヴァンダル族がイベリア半島から北アフリカに侵入した。翌年、ヒッポも攻撃され、城壁を取り囲まれた最中に、七六歳のアウグスティヌスは世《よ》を去った。

切りとり線

★読者のみなさまにお願い

この本をお読みになって、どんな感想をお持ちでしょうか。祥伝社のホームページから書評をお送りいただけたら、ありがたく存じます。今後の企画の参考にさせていただきます。また、次ページの原稿用紙を切り取り、左記まで郵送していただいても結構です。

お寄せいただいた書評は、ご了解のうえ新聞・雑誌などを通じて紹介させていただくこともあります。採用の場合は、特製図書カードを差しあげます。

なお、ご記入いただいたお名前、ご住所、ご連絡先等は、書評紹介の事前了解、謝礼のお届け以外の目的で利用することはありません。また、それらの情報を6カ月を越えて保管することもありません。

〒101-8701（お手紙は郵便番号だけで届きます）
祥伝社新書編集部
電話03（3265）2310
祥伝社ホームページ　http://www.shodensha.co.jp/bookreview/

★本書の購買動機（新聞名か雑誌名、あるいは○をつけてください）

＿＿＿＿新聞の広告を見て	＿＿＿＿誌の広告を見て	＿＿＿＿新聞の書評を見て	＿＿＿＿誌の書評を見て	書店で見かけて	知人のすすめで

★100字書評……ローマ帝国 人物列伝

					名前
					住所
					年齢
					職業

本村凌二　もとむら・りょうじ

早稲田大学国際教養学部特任教授、東京大学名誉教授。博士（文学）。1947年、熊本県生まれ。1973年一橋大学社会学部卒業、1980年東京大学大学院人文科学研究科博士課程単位取得退学。東京大学教養学部教授、同大学院総合文化研究科教授を経て、現職。専門は古代ローマ史。『薄闇のローマ世界』でサントリー学芸賞、『馬の世界史』でＪＲＡ賞馬事文化賞、一連の業績にて地中海学会賞を受賞。著作に『多神教と一神教』『愛欲のローマ史』『はじめて読む人のローマ史1200年』など。

ローマ帝国《ていこく》 人物列伝《じんぶつれつでん》

本村凌二《もとむらりようじ》

2016年５月10日　初版第１刷発行

発行者……………辻 浩明
発行所……………祥伝社しょうでんしゃ
〒101-8701　東京都千代田区神田神保町3-3
電話　03(3265)2081(販売部)
電話　03(3265)2310(編集部)
電話　03(3265)3622(業務部)
ホームページ　http://www.shodensha.co.jp/

装丁者……………盛川和洋
印刷所……………萩原印刷
製本所……………ナショナル製本

Printed in Japan　ISBN978-4-396-11463-3　C0222

〈祥伝社新書〉
古代史

316
古代道路の謎
奈良時代の巨大国家プロジェクト
巨大な道路はなぜ造られ、廃絶したのか？ 文化庁文化財調査官が謎に迫る
文化庁文化財調査官
近《おお》江《み》俊《とし》秀《ひで》

423
天皇はいつから天皇になったか？
天皇につけられた鳥の名前、天皇家の太陽神信仰など、古代天皇の本質に迫る
龍谷大学教授
平林章《あき》仁《ひと》

326
謎の古代豪族 葛《かつら》城《ぎ》氏
天皇家と並んだ大豪族は、なぜ歴史の闇に消えたのか？
平林章仁

370
神社が語る古代12氏族の正体
神社がわかれば、古代史の謎が解ける！
歴史作家
関 裕二

415
信濃が語る古代氏族と天皇
日本の古代史の真相を解く鍵が信濃にあった。善光寺と諏訪大社の謎
関 裕二

〈祥伝社新書〉
中世・近世史

278
源氏と平家の誕生
なぜ、源平の二氏が現われ、天皇と貴族の世を覆《くつがえ》したのか？
関　裕二

054
山本勘助とは何者か　信玄に重用された理由
軍師か、忍《しの》びか、名もなき一兵卒か。架空説を排し、その実像を明らかにする
作家
江宮隆之

442
織田信長の外交
外交にこそ、信長の特徴がある！　信長が恐れた、ふたりの人物とは？
戦国史研究家
谷口克広

232
戦国の古戦場を歩く
古地図、現代地図と共に戦闘の推移を解説。30の激戦地がよみがえる！
作家
井沢元彦　監修

161
《ヴィジュアル版》江戸城を歩く
今も残る石垣、門、水路、大工事の跡などをカラー写真と現地図・古地図で解説
歴史研究家
黒田　涼《りょう》

〈祥伝社新書〉
近代史

219
お金から見た幕末維新 財政破綻と円の誕生
政権は奪取したものの金庫はカラ、通貨はバラバラ。そこからいかに再建したのか？
作家 **渡辺房男《ふさお》**

173
知られざる「吉田松陰伝」 『宝島』のスティーブンスンがなぜ？
イギリスの文豪はいかにして松陰を知り、どこに惹《ひ》かれたのか？
作家 **よしだみどり**

230
青年・渋沢栄一の欧州体験
「銀行」と「合本《がっぽん》主義」を学んだ若き日の旅を通して、巨人・渋沢誕生の秘密に迫る！
作家 **泉　三郎**

296
第十六代　徳川家達《いえさと》 その後の徳川家と近代日本
貴族院議長を30年間つとめた、知られざる「お殿様」の生涯
歴史民俗博物館教授 **樋口雄彦《たけひこ》**

448
東京大学第二工学部 なぜ、9年間で消えたのか
「戦犯学部」と呼ばれながらも、多くの経営者を輩出した〝幻の学部〟の実態
ノンフィクション作家 **中野　明**

〈祥伝社新書〉
歴史から学ぶ

366
はじめて読む人のローマ史1200年
建国から西ローマ帝国の滅亡まで、この1冊でわかる！
早稲田大学特任教授
本村凌二

379
国家の盛衰 3000年の歴史に学ぶ
覇権国家の興隆と衰退から、国家が生き残るための教訓を導き出す！
上智大学名誉教授
渡部昇一
早稲田大学特任教授
本村凌二

361
国家とエネルギーと戦争
日本はふたたび道を誤るのか。深い洞察から書かれた、警世の書！
上智大学名誉教授
渡部昇一

168
ドイツ参謀本部 その栄光と終焉
組織とリーダーを考える名著。「史上最強」の組織はいかにして作られ、消滅したか？
渡部昇一

351
英国人記者が見た連合国戦勝史観の虚妄
滞日50年のジャーナリストは、なぜ歴史観を変えたのか？ 画期的な戦後論の誕生！
ジャーナリスト
ヘンリー・S・ストークス